EL ORIGEN DE LA ANSIEDAD

EL ORIGEN DE LA ANSIEDAD

Ariel Joselovsky

Barcelona • Madrid • Bogotá • Buenos Aires • Caracas • México D.F. • Miami • Montevideo • Santiago de Chile

1.ª edición: enero 2016

© Ariel Joselovsky, 2016
© Ediciones B, S. A., 2016
    Consell de Cent, 425-427 - 08009 Barcelona (España)
    www.edicionesb.com

Printed in Spain
ISBN: 978-84-666-5841-6
DL B 26235-2015

Impreso por QP PRINT

*Con amor, a mi esposa Karina
y mis adoradas hijas, Erika, Sofía y Tamara*

PRIMERA PARTE

Introducción

He trabajado durante treinta años con pacientes cuyos cuerpos expresaban mediante dolores y otros síntomas sus respectivas historias, largas y difíciles, de una vida en sociedad. Esta experiencia me ha permitido llegar a la conclusión de que la mayor dificultad a la que se enfrentan muchos individuos en las sociedades actuales es aprender a transmitir sus necesidades de afecto y cariño, producto de sus sentimientos y emociones.

Hoy en día, la principal relación de un individuo con sus semejantes pasa por la percepción del éxito social, la productividad y la recompensa que esta conlleva. Ello no viene determinado por el amor al prójimo, ni por el buen hacer en la vida, ni por el hecho de aportar algo a la sociedad; tampoco interviene la capacidad de agradecer el afecto genuino que se haya recibido. Aunque la persona sea capaz de manifestar todas o casi todas estas hermosas conductas humanas, solo aspira a recibir recompensa social a cambio de vivir sometida a la presión constante de rendir según las exigencias sociales, y ello sobre todo para no ser excluida o reemplazada.

Esta circunstancia produce un miedo que se expresa en el cuerpo con un difuso, aunque muy incómodo, estado de inquietud física de cuyo origen no se es consciente y que en general suele llamarse «ansiedad».

Cuando ello se produce, el individuo busca refugio en la razón, pero cuantas más razones creemos tener, más lejos se encuentra la explicación de la verdadera causa del malestar. De esta forma, las razones del rendimiento social terminan ocultando la verdad de los sentimientos y emociones hasta lograr ocultarla por completo.

El vacío es un espacio destinado a ser llenado. Somos un vacío que de forma permanente almacena emociones y sentimientos, deseos posibles e imposibles, estos últimos disfrazados de proyectos y figuraciones. Sin embargo, el vacío existencial no es la nada, porque en realidad esta constituye el principio de todo. Cuando la nada explota, comienza la vida; los vacíos se llenan de hechos virtuosos o de fracasos, de alegrías o de tristezas, de placeres o de sufrimientos; cada momento vivido es único e irrepetible, nos ofrece una posibilidad de que la nada se convierta en un todo que llene el vacío existencial con plenitud. Si no se aprovecha el momento, el contenido que ocupará nuestro vacío será muy distinto: una fantasía absurda llenará nuestro cuerpo de hipocondría y los sentimientos de amargura darán paso a una serie de síntomas físicos que acabarán convirtiéndose en una tiranía. Ese será el peso que habrán de llevar nuestro organismo y nuestro espíritu, el mismo que generó ese mínimo de miedo permanente llamado «ansiedad», del que no se es consciente y con el que se convive.

El cuerpo, sometido a la ansiedad, sufre las consecuencias del olvido. Sin embargo, aunque logremos rescatar de lo más profundo de la memoria aquello tan doloroso que ya parecía inexistente, eso no bastará para aliviarnos. Si esa realidad que nos hemos empeñado en olvidar hasta casi conseguir que, al menos en apariencia, deje de existir choca brutalmente contra nuestros propios prejuicios, basados en la falacia del qué dirán, no nos sentiremos mejor. Al contrario, nuestro cuerpo sufrirá un malestar que despertará como una tempestad, apoyado en las indecisiones de tantas ambigüedades y contradicciones íntimas.

Solo soportando la verdad de uno mismo tal como es vendrá la tolerancia, ese valor que calma el cuerpo y aporta fortaleza vital y claridad de pensamiento para enfrentarse a los miedos propios y no contagiarse de los ajenos.

Hoy hay miedo a vivir en plenitud, miedo a crecer, miedo al conocimiento y, sobre todo, miedo a las propias capacidades. Esta es la razón de que muchos prefieran sobrevivir en la penumbra de la queja permanente, que nunca exige mirar hacia el interior de la persona y se limita a verlo todo en los otros.

En el cuerpo habita nuestra esencia y el hecho de comprenderla es el primer paso para creer en uno mismo. De esa comprensión nacerá el saber individual y, con él, la fuerza necesaria para emprender el duro camino de soportar la presión social o cultural, sin perder la dirección de nuestras propias vidas, inevitablemente sometidas a avatares e imprevistos.

Siempre habrá caídas y derrotas, pero al final lo único que cuenta es haberse levantado una, solo una vez más, tras todas las caídas sufridas.

1

¿Existe el estrés?

Sí, por supuesto, pero desde hace décadas se habla mucho, tal vez demasiado, acerca de él. Esta palabra anglosajona se ha difundido hasta resultarnos sumamente familiar, cuando no trillado, cosa que nos ha hecho olvidar su verdadero significado: presión.

El estrés, esa presión sobre un ser humano en todas sus facetas —mental, espiritual y, por supuesto, física— tiene una consecuencia. Se trata de la ansiedad, una sensación molesta y llamativamente contagiosa, una inquietud del cuerpo cuya procedencia y finalidad se ignoran, pero que se instala en la persona y provoca una sensación generalizada de gran incomodidad. La ansiedad es la expresión de ese pequeño miedo que suele acompañarnos a diario en nuestras vidas. Por desgracia, uno no siempre es consciente de que las presiones sociales y la falta de conciencia del propio cuerpo provocan la aparición espontánea de inquietud física, que con el tiempo deriva en síntomas muy variados en el organismo. Cuando ello ocurre, la persona entra en un círculo vicioso de presión-ansiedad-síntoma.

Un disgusto puede dar lugar a un fuerte dolor de cuello o espalda, o también provocar vértigos, mareos o malestares digestivos, que desviarán nuestra atención del motivo original causante del disgusto. El pequeño miedo hecho ansiedad ahora ha pasado a ser un mero síntoma, de forma que se demorará la resolución del disgusto que lo desencadenó todo, sencillamente porque estamos acostumbrados a no pensar en la causa original de los problemas de nuestras relaciones sociales.

Los disgustos surgen de los conflictos afectivos con nuestros seres más cercanos y queridos, o con nuestra propia soledad, que puede ser tanto fuente de paz como de sufrimiento. Tampoco cabe olvidar la influencia de la actividad laboral y el sentimiento que nos inspira, que puede ser fuente de sentimientos de culpa, sentido del ridículo, intolerancia a la crítica propia y ajena, y emociones de humillación.

El miedo que invade el cuerpo adopta la forma de síntoma físico y suplanta al disgusto y la causa de este, los conflictos afectivos. Por ello es un gran error pensar que las molestas tensiones musculares son únicamente una simple contracción sostenida del músculo como respuesta a un esfuerzo o una mala postura. Las tensiones musculares son formas muy primitivas de comunicación tanto hacia el exterior, la sociedad que nos rodea, como hacia nuestro propio interior.

Es importante tener en cuenta que, en los meses de vida intrauterina, el feto no se diferencia de la madre, un proceso que solo ocurre a partir de los primeros años de vida. El feto habita en un mundo acuoso que percibe mediante la piel y los músculos. Una vez desarrollados estos, constituyen su principal medio de comunicación y las sensaciones corporales se transforman en su forma primaria de intercambio social. Esta relación se pone de manifiesto más claramente después del nacimiento, cuando el bebé siente la división de la totalidad que formaba con su madre.

Un sencillo ejemplo de esta situación es el hecho de que la angustia del recién nacido solo se calma con el contacto del cuerpo de quien consideraba su parte total. En esa división de la totalidad, antes de sentir angustia hay ansiedad, una especie de temor, un miedo mínimo que reclama volver a aquello que era un todo, un lugar seguro. Así comienza a establecerse un diálogo entre las tensiones físicas de ambos cuerpos, las del bebé y las de la madre. Este diálogo de tensiones apacigua, comunica seguridad y protección, mientras que su ausencia genera un mínimo de miedo y da lugar a ansiedades. Es interesante destacar que no importa el sexo del bebé: siempre hay un anhelo inconsciente de volver al cuerpo gestador, que es un cuerpo femenino.

Siguiendo con ejemplos sencillos, en los meses subsiguientes este intercambio de tensiones musculares como forma de diálogo se extiende al padre, a los familiares y a los lazos afectivos cercanos; es común observar que el bebé se pone en tensión o llora en brazos de un desconocido, y cómo en toda situación desconocida se observa un rastro de ansiedad.

Con el correr del tiempo se produce la comunicación visual y auditiva, y las tensiones musculares se transforman en gestos expresivos a través de la cara y los brazos hasta desarrollar la forma más sofisticada de comunicación entre las personas, el lenguaje verbal, que nos caracteriza como seres humanos.

A pesar de esto, las tensiones musculares siempre estarán presentes en nuestro cuerpo como forma primitiva de comunicación. Ello da lugar al lenguaje corporal, en ocasiones peculiar de las distintas etnias, pueblos o naciones y, más aún, de cada persona como individuo.

Las expresiones faciales de alegría o de tristeza, la postura abatida o excitada, se producen exclusivamente con el tono muscular; son verdaderos gestos corporales.

2

Los músculos como órganos de expresión

Todo movimiento muscular consta de dos etapas: en primer lugar la *tónica*, que imprime al cuerpo el mínimo de tensión muscular necesario para realizar la segunda etapa, llamada contracción *fásica*. Esta consiste en el desplazamiento de los segmentos corporales, apoyados en una estructura postural sostenida por el tono muscular.

Existen expresiones populares directamente ligadas a la postura y el tono corporal: todos hemos oído o dicho frases como «sacar pecho ante la adversidad», «bajar la cabeza» o «tener la cabeza erguida», «el miedo le aflojó las rodillas», «es un tipo tenso» o «necesito relajarme», «con los dientes apretados» y tantas otras. Todas ellas aluden a diferentes estados de tensión muscular y surgieron de la observación y el saber popular, que no sigue una metodología científica pero no por ello contiene menos verdad, como ya veremos más adelante.

Todos los estados emocionales se manifiestan a través de los músculos, que deberíamos considerar verdaderos órganos de expresión. Por otra parte, son muy susceptibles a la presión social y sobre todo al lenguaje hablado. En efecto, la palabra atraviesa el cuerpo y deja huella en su tono muscular, que entre muchas otras cosas, primordialmente refleja la ansiedad.

Con el paso de los años, la acumulación de tensiones expresivas no solo moldea nuestro cuerpo a nivel muscular, sino que también modifica los ejes de los huesos y la consistencia de los cartílagos, y confiere rigidez o flexibilidad excesiva a los ligamentos y tendones.

La falta de conciencia del cuerpo se advierte en la torpeza de los movimientos cotidianos. Por otra parte, la rigidez del cuello denota claramente cómo se ha ido perdiendo flexibilidad y la capacidad de girar e inclinarse adelante y atrás sin esfuerzo.

Como prueba, le propongo que intente usted llevar el mentón hacia la parte superior del pecho y observará cuánta tensión tiene su cuello. ¿Es realmente necesaria? Seguramente no, pero no es algo que dependa de su voluntad consciente. La vida moderna, cargada de presiones por la búsqueda del éxito y por el miedo al fracaso, nos lleva a estar muy pendientes del funcionamiento del mundo exterior y desatender la marcha y estado de nuestro cuerpo.

¿Qué le resulta a usted más fácil? ¿Agacharse en posición de cuclillas o aparcar el coche? Recordemos que la posición de cuclillas es la forma más natural de «aparcar» nuestro cuerpo en la tierra para reflexionar o descansar. Pese a ello, a partir del invento de la silla hemos abandonado esta posición y hoy casi nos es imposible realizarla, porque nuestros músculos ya no están adaptados a la flexibilidad que requiere, aunque lo natural era la flexibilidad que proporcionaba la posición de cuclillas. Esa es la posición ideal para estirar la parte inferior de la espalda y la región de los glúteos, cuyos músculos suelen estar en tensión debido a su determinante función cuando uno está de pie o camina.

La revolución industrial y el estallido de la tecnología cambiaron definitivamente las posturas cotidianas de los seres humanos. Ya no sería lógico desprendernos de la silla, pero sí convendría fabricarlas en función del cuerpo y no solamente según criterios estéticos y decorativos.

Siempre estamos a tiempo de conocer la auténtica capacidad de movimientos de nuestro cuerpo y tratar de mantenerla libre de tensiones musculares para toda la vida. Desafortunadamente, no nacemos con un manual de instrucciones para aprender a mover nuestro cuerpo, pero sí existen métodos de autoconciencia de las estructuras y de las funciones del movimiento corporal: a través de ejercicios y manipulaciones podemos contrarrestar tanto la presión social como la que nosotros mismos ejercemos sobre nuestro cuerpo.

Somos el cuerpo, necesitamos conocerlo, explorarlo, tomar conciencia de sus movimientos y mantener ese aprendizaje una vez realizado. La falta de flexibilidad corporal remite con la práctica de ejercicios de tipo postural, de los muchos y muy buenos que afortunadamente existen, desde el tradicional yoga, pasando por Pilates, Feldenkrais, Eutonia entre otros, de demostrados resultados y largas trayectorias.

En mi experiencia profesional he desarrollado y utilizo desde hace décadas mi propio trabajo de gimnasia postural con mis pacientes. Los años me han demostrado que cuando se resuelve una problemática física por desajustes tensionales, producto de prolongados estados de ansiedad, es preciso realizar una rutina metódica de ejercicio corporal descontracturante y reconciliadora del estado de tensión óptimo del cuerpo para evitar recaídas, no solo dolorosas sino generadoras de ansiedad. Si una persona conoce su cuerpo y sus posibilidades reales de movimiento y tensiones musculares adecuadas, cuenta con una herramienta muy valiosa para frenar la invasión de ese estado de agitación corporal que produce la ansiedad.

Por otra parte, desde el punto de vista químico no podemos eludir nuestra responsabilidad en cuanto a la alimentación, porque si los componentes químicos del cuerpo no están en orden, difícilmente podremos corregir nuestros defectos posturales solamente mediante el ejercicio de la voluntad. Una persona mal alimentada carecerá de energía suficiente para realizar determinados movimientos; la falta de elementos minerales esenciales (potasio, magnesio y calcio) en el organismo no puede compensarse únicamente con intenciones intelectuales.

El movimiento físico es la expresión más clara de la vida de un ser. Mientras el músculo cardíaco bombee y el músculo diafragmático nos haga respirar más allá de nuestra voluntad, algo es seguro: estamos vivos. Pero nadie puede gozar de una vida plena si se encuentra atado por rígidas cadenas musculares.

3

Los orígenes del dolor y la ansiedad (¿o viceversa?)

Los músculos en tensión forman una suerte de coraza que esconde emociones, nos aísla del contacto con otras personas y encierra nuestros problemas dentro del propio cuerpo.

Cuando un felino se ve en peligro, eriza el lomo; cuando una persona se ve emocionalmente comprometida ante una situación de riesgo, tensa la musculatura espinal. De ahí que el dolor de cuello y espalda sea tan común en nuestros días.

Cuando el hombre primitivo se ponía en tensión ante el peligro, liberaba toda esa energía acumulada en los músculos, ya fuera durante la huida o durante la lucha por la subsistencia.

Hoy los motivos que nos cargan de energía y producen hipertonicidad (exceso de tensión muscular) son distintos y, por otra parte, nos resulta muy difícil descargarla y eliminarla de nuestro cuerpo mediante actividad física. Dado que nuestra forma de conseguir la subsistencia cambió, esa tensión energética permanece en nuestro organismo hasta causar acortamientos musculares que cambian los ejes esqueléticos y producen incongruencia entre las articulaciones. Con el paso de los años estas se desgastan innecesariamente y dan origen a los procesos artrósicos, que no son otra cosa que la reacción biológica del organismo.

Al aumentar la carga articular en un punto determinado, el cartílago se destruye y es reemplazado por tejido óseo, que no es flexible como el anterior, lo cual produce una reducción de la movilidad en la articulación con el consecuente dolor.

Esta es la explicación biológica de cómo el maltrato de nuestro cuerpo debido a una mala gestión de las emociones termina ocasionando una patología concreta, y cada vez estos síntomas aparecen en edades más precoces.

Cuando alguien consulta o se pregunta por qué le duele siempre la espalda, espera alguna respuesta casi mágica que señale una sola causa para ese dolor. Como esta respuesta concreta no existe, nunca se encuentra una solución definitiva.

Son muchos los motivos que hacen que la mayoría de las personas padezcan dolor de espalda, acompañado de dolor de cabeza o de sensación de vértigo y mareos. Si bien este triángulo de síntomas puede alternarse, siempre se observa el predominio de uno; cuando el dolor de cabeza es más frecuente nos encontramos ante un paciente con una personalidad concreta, distinta de la del que padece más el dolor de espalda o de la de aquel que sufre vértigos y mareos por sobre los otros dos dolores. Su carácter difiere sustancialmente de los otros, pero todos tienen algo en común: el componente emocional muy caracterizado por la ansiedad.

Si bien en los próximos capítulos se ofrece un detalle completo del aspecto psicológico, podemos comenzar desde aquí a reconocer los síntomas.

Los sentimientos están conformados por emociones de distinto tipo, y a su vez las emociones se deben a distintos tipos de sensaciones emotivas que el cuerpo produce como respuesta a estímulos externos e internos.

El cuerpo siempre busca el placer satisfaciendo sus necesidades básicas y primitivas, desde las más simples —como alimentarse, respirar y moverse—, hasta las más complejas —como formar pareja, tener una vida sexual plena o autorrealizarse—. La armonía se alcanza, pues, con la satisfacción de estos sentimientos, que se manifestarán exteriormente como emociones de satisfacción.

Pero como todos sabemos que la vida es compleja y que lograr satisfacer nuestras necesidades es difícil, se producen emociones como el enojo o la ira, que muchas veces se manifiestan en forma de sentimientos de tristeza; la ira y el enojo contenidos durante mucho tiempo entristecen hasta el punto de no permitir recordar por qué nos enfadamos; lo único que sabemos es que nos sentimos tristes y vencidos.

Siempre que una persona pueda manifestar su tristeza y expresarla hacia el mundo exterior, tendrá la certeza de que alguna vez también podrá expresar su alegría y felicidad, porque su personalidad está integrada con el cuerpo y este es expresivo. Pero por fácil que parezca, no lo es. No estamos acostumbrados a sentirnos en nosotros mismos, ni a observar a las personas que nos rodean. Aquí comienzan a entrelazarse las tensiones musculares y los estados psicológicos.

Cuando una persona se expresa, siempre lo hace mediante su cuerpo; no solo con movimientos ostensibles, sino fundamentalmente con gestos. Estos se producen gracias al estado natural y normal de tensión de los más de seiscientos músculos y envoltorios de nuestro cuerpo, que conocemos como tonicidad o tono.

El tono fundamentalmente expresa sentimientos de forma similar a como la entonación da sentido a una palabra. Por ejemplo, cuando un niño pregunta si está mal lo que hizo y su padre responde con un «no» expresado con ternura y tranquilidad, esta negación puede ser placentera. Pero si la pregunta es si lo quieren, un «no» fuerte y seco puede ser una daga en sus sentimientos. La respuesta es la misma, un «no» con igual sentido, pero en función de la pregunta y la entonación, puede causar placer o bien herir a quien lo recibe.

Con los músculos ocurre algo parecido: se mueven siempre de igual manera, pero su tono determina qué emoción descargan. Por ejemplo, en un apretón de manos, no captamos lo mismo de una mano firme y cálida con buen tono que de una mano floja y fría que expresa desconfianza o rechazo.

Como sabemos, no siempre podemos expresar nuestros sentimientos, de forma que habrá tensiones musculares que impedirán a cada emoción expresarse libremente. El sentimiento reprimido origina un conjunto de tensiones musculares alrededor del gesto que necesitaba expresar sin trabas una emoción, como sería el caso de una persona que no puede decir «no» a un superior o a una situación que no puede rechazar, por más que sus sentimientos le pidan lo contrario. Aquello que se piensa en la mente y no se expresa con el cuerpo, de algún modo acaba lastimando. Si esta circunstancia se prolonga en el tiempo, aparecerán dolores que se hacen crónicos. Existe gran cantidad de inhibiciones que impiden realizar determinados movimientos, lo cual a la larga provoca la incapacidad de expresar emociones.

Nuestra cultura actual nos obliga a cuidar la imagen social, no se nos permite expresar abiertamente nuestros sentimientos. Siguiendo con el ejemplo del «no»: la ambigüedad y contradicción de callar una negación, aunque sin bajar la cabeza para dar una apariencia abnegada pero no vencida, es solo uno de cientos de ejemplos corporales del hecho de inhibir las emociones gestuales y su libre expresión.

Estas situaciones que conllevan gestos corporales ambiguos y contradictorios con el tiempo generan ansiedad, y vivir reprimiéndonos lleva necesariamente a esconder el miedo hasta tal punto que olvidamos qué temíamos. Luego llegan esos estados de agitación corporal, ese miedo mínimo que no entendemos e incomoda.

4

De la evolución postural a la ansiedad y la fatiga

En el largo camino de la evolución, hace millones de años, un ser salió del agua, se adaptó a la vida terrestre y en algún momento dio origen a los reptiles. En ese estadio, su morfología era absolutamente distinta a la que conocemos hoy. Por ejemplo, desde el punto de vista mecánico, su sistema muscular era muy primitivo: el cuello estaba conformado por músculos en forma de láminas que lo rodeaban, y esas láminas fueron transformándose a medida que avanzaba evolutivamente hasta convertirse en músculos claramente diferenciados con distintas secciones capaces de producir movimientos muy precisos y relevantes, como el de sostener la cabeza en vertical.

Un ejemplo de esto es la sofisticada coordinación que exige situar la cara de modo frontal ante otro semejante y, al mismo tiempo, comunicarse con gestos y producir palabras articuladas con la boca y la lengua, o combinar los movimientos del cuello y los ojos para dirigir la mirada en función de algún objetivo, o ante una complicada tarea manual combinar la posición del cuello, la ubicación de los ojos y el movimiento de la mano.

En la carrera evolutiva, incluso antes de la aparición de los homínidos, siempre existió la necesidad de elevarse, y en este sentido el paso de reptil a cuadrúpedo supuso un cambio radical en la visión del mundo. Con la llegada de los homínidos se consiguió la posición semierecta, es decir, de pie sobre los miembros posteriores, tratando de dar libertad a los miembros anteriores.

Finalmente, hace más de cuatro millones de años, una variedad homínida logró que sus miembros anteriores se liberaran finalmente de la dura tarea de cargar el peso corporal y empezaran a servir de mero apoyo, de forma que quedaran libres para comenzar a crear utensilios y elementos que cambiaron el curso de los acontecimientos: comenzó la humanización del animal. En este sentido, cabe considerar que las manos son la primera y verdadera expresión del cerebro transformador de su entorno, un cerebro creador.

Para explicar por qué la artrosis es un elemento común en la evolución del ser humano y por qué los dolores de espalda, cabeza, nuca y los mareos son de tanta vigencia, es necesario saber que la bipedestación disminuyó el consumo de energía con fines posturales de un 40% del total a solo un 18%. Sin embargo, la optimización del consumo energético que el humano logró durante su evolución no es una conquista de la cual todos los hombres y mujeres de hoy saquen provecho cotidianamente.

Cuando un individuo se pone de pie con la cabeza por delante del eje de su pecho, este se halla hundido, la espalda curva y los hombros caídos, de modo que está consumiendo energía en un porcentaje mucho mayor que ese 18% que la especie humana supo conquistar y que se considera óptimo.

La inadecuada forma de usar el cuerpo en nuestras actividades diarias lleva inexorablemente a un desajuste del eje corporal, como un edificio desequilibrado que amenazara con derrumbarse de un momento a otro.

Los seres humanos no nos derrumbamos, pero sí generamos tensiones musculares que soportan este intento de derrumbe del esqueleto (al igual que los tabiques apuntalarían un edificio en ruinas), formando contracturas y verdaderos mapas de tensiones musculares que se manifiestan en dolores y en la pérdida de flexibilidad.

Como acabamos de ver, una postura errónea produce un despilfarro de energía, y el hecho de estar siempre cansado (con fatiga crónica) aparece casi como un signo de nuestros tiempos. Las frases «estoy cansado» o «ya no puedo más» suenan en nuestros oídos varias veces al día, casi siempre correspondidas por un «yo también estoy por los suelos».

Conviene saber distinguir el cansancio físico normal de un estado de fatiga crónica. En primer lugar, el cansancio provocado por un esfuerzo físico, como por ejemplo una mudanza o simplemente un día al aire libre, se soluciona con un sueño de siete u ocho horas, tras las cuales quedan solamente algunas molestias de tipo muscular cuando el estado físico no es el adecuado, y que deberían desaparecer definitivamente en el término de dos o tres días. Cuando el cansancio se prolonga en el tiempo y no existe un esfuerzo físico que lo justifique, las causas deben buscarse en distintos órdenes.

Desde el punto de vista psicofísico se observa que al realizar una tarea que no produce satisfacción, o que la produce y no se dan las condiciones para disfrutarla, todos los movimientos que realizamos, por pequeños que sean, se llevan a cabo con un exceso de tensión muscular que lleva a un gasto innecesario de energía. Por otra parte, la tensión muscular se transforma en un hábito crónico que altera el normal desempeño de las articulaciones y, como consecuencia, no tardan en llegar los dolores generalizados. La circulación e irrigación sanguínea de los músculos se ve disminuida, con la consiguiente deficiencia de oxigenación celular, lo cual a su vez obliga a aumentar el esfuerzo para realizar tareas simples. Las zonas más afectadas por tensiones y dolores son el cuello y los hombros, puntos que irradian dolores hacia la cabeza, produciendo a nivel consciente un agotamiento que completa el estado crónico de fatiga. Sin oxígeno suficiente, la combustión metabólica es pobre y el cuerpo refleja una dinámica también pobre fácilmente detectable.

Desde el punto de vista químico, se observa que la persona produce una microtranspiración permanente y con el correr de las horas puede llegar a un estado de semideshidratación. La pérdida de agua tiene consecuencias en la sangre, que se hace más espesa y cuya circulación se vuelve mucho más lenta, por lo tanto nuevamente disminuye la oxigenación del organismo. En esta transpiración permanente se pierde hasta un setenta por ciento de los minerales esenciales que logran la relajación de los músculos, concretamente el magnesio y el potasio. Si tenemos en cuenta que estos elementos participan a su vez en la formación y liberación de energía, no es de extrañar que el estado de cansancio vaya en aumento.

En resumen: todos los logros físicos producto de la evolución hacia la bipedestación se desaprovechan por una vida llena de tensión, una vida impregnada de ansiedad.

La fatiga crónica se caracteriza por una postura en la que destaca el encorvamiento de la espalda, provocada por la incapacidad de sostén de los músculos espinales que, junto con sus envoltorios, son los encargados de mantener la columna vertebral en su correcta posición. Desde finales del siglo pasado y principios de este, estas posiciones encorvadas, que potencian todas las sintomatologías antes descritas, vienen pronunciándose como una epidemia social. A medio plazo, la persona que muestra este tipo de postura sufrirá dolores de cabeza, de cuello y de espalda. Su recuperación se asienta en una serie de pilares: la modificación de la predisposición a la actividad laboral, una mejora de las relaciones afectivas sumada al control postural, y el aumento de minerales en la dieta.

Las siguientes situaciones son planteamientos que uno se puede hacer para saber cuál es su estado de fatiga y si realmente ha llegado a la fatiga crónica.

En el primer nivel a la persona le cuesta salir de la cama y enfrentarse a las situaciones cotidianas, siente que su cuerpo no tiene fuerza y trata de ocupar su mente con más tareas de las que realmente puede realizar. Cuando esto se agrava, se llega a un segundo nivel, donde a dichos síntomas se suman una sensación de depresión durante los fines de semana, una disminución o aumento de peso sin explicación, y la aparición sistemática del dolor crónico en la cabeza o en la espalda, vértigos o estreñimiento. En el último nivel, el tercero, la persona se siente siempre enferma y no sabe qué tiene, está altamente irritable y de alguna manera cree que su vida peligra, sintiendo además que nadie lo entiende.

En realidad, la persona no se entiende a sí misma. El dolor de espalda o de cabeza, los mareos o la fatiga crónica son síntomas mediante los cuales el cuerpo pide auxilio en esta sociedad actual, extremadamente individualista.

5

Individualismo, dudas y ansiedad

Quienes se rezagan en la loca carrera por el éxito, quedan aislados en su propio individualismo como una expresión excesiva de su ego, que trata de despegarse del cuerpo como si este fuese una carga demasiado pesada. Pero en algún lugar y en algún momento, los síntomas del dolor de cabeza y de espalda, los mareos y vértigos, entre muchos otros, nos recuerdan que nosotros somos el cuerpo. En la medida en que nuestras necesidades físicas no queden satisfechas, siempre sufriremos molestias que nos recordarán que, por más éxito material que obtengamos, no podremos ser felices.

Nuestra biología, como la de cualquier ser vivo, reacciona según las circunstancias. Una simple ameba se retrae o huye si algo la toca: la ameba tiene miedo, la ameba comparte con nosotros la emoción del miedo, igual que todo ser vivo. Si un tigre es perseguido, huye; si se ve acorralado en la persecución, ataca. Ambas reacciones son por miedo. La agresividad es solidaria al miedo; huir y atacar son formas de expresar miedo en una situación límite, sin salida.

La emoción de miedo se produce al captar con el cuerpo las distintas sensaciones que produce el miedo aun sin tener conciencia del miedo mismo: no hay una clara conciencia del peligro real, no sabemos bien qué nos asusta, pero sentimos temor, y esa sensación nos presiona y conmociona el ánimo sin más explicación. Esto es la ansiedad, un estado de agitación corporal que, por ende, perturba nuestra mente. En efecto, la ansiedad es la forma más simple y mínima de sentir miedo sin tener conciencia de ello. Cuando los seres humanos tomamos conciencia de a qué tememos realmente, nuestro miedo físico se transforma en el sentimiento del miedo. La ansiedad, en cambio, es una sensación corporal inquietante e incómoda sin conciencia de qué la causa.

El sentimiento de miedo tiene explicación, sabemos a qué tenemos miedo, hay un peligro real. Ejemplos de ello serían el soldado que debe ir al frente o la persona que es asaltada a mano armada: son sensaciones intensas asociadas a una idea clara de peligro evidente.

Estos dos ejemplos son bastante extremos, pero ocurren, como también ocurren situaciones menos extremas para la integridad física o la preservación de la vida. Por ejemplo, si en la empresa donde trabaja una persona hay ajustes de plantilla y despidos, el miedo a ser el próximo en ir a la calle es racional y lógico. En ese caso lo que sentiremos es miedo, no ansiedad, y el miedo estará asociado a la idea de la inestabilidad social que conlleva el desempleo, en el que sin duda hay una idea de muerte social.

Entre la emoción humana del miedo y el sentimiento del miedo reside la experiencia individual que caracterizará las distintas reacciones de este.

En iguales circunstancias a veces huimos y otras agredimos, y muchas personas huyen en circunstancias que otros agreden; aunque esta respuesta, en los tiempos tan socializados que vivimos, más bien podría describirse diciendo que muchos callan donde otros responden. En nuestros días, callar la verdad equivale a huir, mientras que exponerla es defenderse. Pero indefectiblemente, siempre llega un momento en que comienzan las dudas, cuándo conviene callar y cuándo es preferible hablar; cuándo callar es sabio y cuándo hablar es torpe.

Un silencio a tiempo puede evitar una derrota social irremediable, mientras que una verdad dicha fuera de tiempo y de lugar será un movimiento erróneo. Pero también puede ocurrir que un silencio causado por el miedo acabe pagándose con una desventaja, mientras que una verdad dicha a tiempo constituya la diferencia en la aceptación social. Sin lugar a dudas, la paradoja es que la vacilación entre si conviene adoptar una u otra actitud es inconsciente y genera ansiedad.

En general la ameba y el tigre saben si deben huir o atacar cuando se hallan en peligro, pero en la sociedad actual, los seres humanos no sabemos diferenciar cuándo estamos acorralados. Muchas veces nuestra faceta humana calla a tiempo, mientras que el animal que todos somos grita su verdad cuando no hace falta. Pero también puede ocurrir que, por razones históricas y consideraciones sociales, el ser humano calle y acabe entregando su moral y su ética, lo cual lo aboca al sufrimiento. Otras veces, el animal humano reacciona y salva su espacio vital y no sufre, pero puede salir lastimado.

La duda, saber cuándo y sobre todo por qué conviene huir o ser agresivo en esta sociedad, provoca gran número de sensaciones inquietantes. Eso es la ansiedad, la duda inconsciente sin representación clara y concisa en nuestra mente. Vacilamos sin saberlo, no hay conciencia real de duda, solo hay ansiedad. Y en esta situación, el cuerpo se agita e incomoda, esa es la única respuesta al hecho que tememos y no queremos ver. La ansiedad solo se expresa físicamente.

Como un estigma de esta sociedad, se oculta la verdad, que en definitiva, por dura que sea, tarde o temprano traerá tolerancia y calma, serenidad de cuerpo y espíritu. Y lejos de la verdad solo hay ansiedad o miedo.

Sabiendo cada uno su verdad sin falsos autoengaños, es posible construir una vida mejor, seguramente con miedos y ansiedades, pero también serán los menos y con soluciones.

6

El miedo y la ansiedad en sus comienzos

Para entenderse mejor uno mismo, es necesario ir al origen natural del miedo antes de ser socializados.

El primer miedo, del que nadie se acuerda y poco se sabe, debe de ocurrir en los primeros momentos de la vida. ¿Será intrauterino? ¿Será al nacer? Probablemente la primera emoción de miedo se produzca ya en el vientre materno, pero el sentimiento se originará en la incipiente conciencia; existe una sensación, una emoción de miedo original en los comienzos de la vida misma enfrentada al mundo exterior.

Recordemos que emocionarse es experimentar sensaciones corporales sin más explicación, sensaciones tanto agradables como desagradables; en cambio, los sentimientos están asociados a ideas concretas, aun las más simples y sencillas, que explican lo agradable o desagradable, con su consecuente representación mental.

La ansiedad es un estado moderado de miedo sin que haya conciencia de ello, por un recuerdo tan bien escondido que se pierde la noción del mismo sin que nunca llegue a caer realmente en el olvido, como una suerte de censura que prohíbe el recuerdo por no poder soportarlo conscientemente.

Las sensaciones se repiten tantas veces como se desencadenen en nuestra vida, variando extraordinariamente de forma, pero todas ellas basadas en la primera experiencia de la emoción del miedo original; cambiará la forma, muchas formas viviremos, pero nunca cambiará su esencia ni su sustancia.

Cualquier situación que evoque el miedo original provocará ansiedad. El proceso es el siguiente: el cuerpo entra en un estado de agitación que puede ser tan variable como distinto sea el desencadenante del miedo original, pero en su mínima expresión, y acto seguido se expresa con mayor o menor ansiedad, no como un miedo asociado a un idea clara de peligro.

En la evolución humana se inscribe una huella mnémica de miedo genético. Los sucesivos cambios adaptativos que se produjeron a través de tantísimas generaciones dieron transformaciones genéticas que llevaron a la evolución de las especies. Si nuestro ADN contiene todos los elementos para producir miedo, antes de ser miedo humano fue miedo homínido, miedo animal. Nuestro miedo evolucionó en la misma medida que nos humanizamos. Así pues, nuestro primer miedo también tiene algo prestado, por transmisión genética, de organismos unicelulares que se remontan a miles de millones de años, y fue transferido en el proceso evolutivo a todas las especies. El miedo simple de la ameba o su predecesor que huye del peligro evolucionó en todas las especies en formas más complejas. En este punto cabe preguntarnos: ¿cuándo los humanos hicimos humano el miedo?

En la medida que nuestro cerebro nos permitió tomar conciencia de sí mismo, se formó una unidad de identidad personal. Esta, sumada al tremendo desarrollo de la memoria humana, producto de nuestro sofisticado encéfalo, tan grande como interconectado, hizo posible una forma distinta de miedo desconocida entre otros animales o seres vivos presentes y antecesores.

El miedo con recuerdo: ese es el miedo humano, el miedo que nos caracteriza. Pero el miedo con recuerdo es sofisticado, tiene dos niveles, el consciente y el de la memoria inconsciente. Esta última se ocupa de almacenarlo todo, la historia de un ser humano a lo largo de toda su vida, incluso en la intrauterina. Es precisamente esta forma inconsciente de la memoria la que da origen a la ansiedad, la forma mínima de expresar miedo, sentir miedo y no saberlo con conciencia.

Tener un pasado, recordar lo ocurrido a lo largo de la vida, de toda una vida propia, única como uno mismo, guardada y dispuesta a aparecer de forma encubierta en cualquier actitud, palabra o gesto, hace que podamos experimentar el presente sabiendo que tenemos futuro, pero un futuro finito, con conciencia de muerte. Esto es muy humano, tanto como el miedo a vivir la plenitud, un proceso que requiere de mucho valor y esfuerzo.

El miedo al futuro es común en todas las sociedades, probablemente más aun en las modernas, donde el porvenir nos asalta todos los días, casi sin tiempo de entender el presente.

Siempre se ve equivocadamente el pasado como un tiempo mejor. ¿Será porque ya pasó y seguimos vivos? Siempre hay un miedo a la acción, miedo a la vida, el mismo que se originó en los comienzos de esta, precisamente cuando empezó la acción. Y la vida es acción.

Sin la emoción del miedo, la vida corre peligro, ya que no habría mecanismos de alerta para evitar los riesgos. En cambio, el sentimiento del miedo incluye una conciencia basada en la historia y la experiencia individual, modelará las distintas formas de temer al punto de transformar la vida de muchas personas en un sinvivir. Aquellos que temen a todo, no dudan entre huir o agredir: se paralizan, no actúan en ese momento. No se trata ya de ansiedad, es pánico. La máxima expresión del miedo nos paraliza y nos convierte en la presa más fácil, pero ya no de un depredador animal, sino de una sociedad depredadora.

Eliminar las capas de miedo inexistente que cubren el miedo original es una forma de recuperar la vida perdida detrás de las obsesiones, incertidumbres y negaciones de la realidad, todas ellas hijas de la ansiedad, el miedo mínimo que perturba la conciencia y agita el cuerpo.

Muchos síntomas dolorosos son capas de miedo; muchos vértigos y mareos son signos de inestabilidad en la vida real transformados en síntomas corporales.

Los avances de la neurocirugía en la extirpación de tumores cerebrales o focos epilépticos, así como la implantación de electrodos para aliviar la sintomatología de la enfermedad de Parkinson, han demostrado casi por «accidente» que si se administran pequeñas descargas eléctricas que suplanten la función normal de una descarga nerviosa, aquellas provocan estados circunstanciales de ánimo, como profunda tristeza con llanto o risas seguidas de estados eufóricos, incluso cuando los pacientes no tienen motivos para lo uno ni para lo otro. Estos «accidentes» suscitaron profundos estudios cuyos resultados demuestran la exquisitez de la cadena de estructuras que, al ser estimuladas, producen las emociones.

Los estímulos externos e internos provocan dichas reacciones de ansiedad, miedo o pánico. El cansancio y el abatimiento debidos a situaciones no resueltas desde los inicios de nuestra conciencia son motivos más que suficientes para provocar las alteraciones del ánimo que hoy llamábamos ansiedad. Sin embargo, por más que nos empeñemos en atribuir el cansancio al gasto físico del movimiento corporal, la incapacidad de reconocer los problemas que genera el agobio diario de ganarse la vida y el cansancio existencial produce ansiedad, y esta consume las fuerzas físicas del organismo. Si a esto se suman los pensamientos asociados a la historia cotidiana de cada persona, el conjunto de todo ello llevará a sentimientos de amargura, tristeza y depresión, todos ellos hermanados a la ansiedad, el miedo en su mínima expresión.

Hay personas que sufren cefaleas durante años, o estados vertiginosos tan persistentes que el paciente llega a creer que su mal no tiene solución, todo ello acompañado de ansiedad, tristeza o depresión, con posible alternancia de un estado a otro sin razón aparente. En estos casos, la terapéutica adecuada y asertiva consiste en ayudar a recordar el origen de los pensamientos escondidos, generadores de miedo, y a reestructurar la postura corporal alterada por tensiones físicas crónicas proporcionales a las emociones y sentimientos vividos.

Los síntomas físicos son una señal de la vida misma, hasta tal punto que la postura corporal que nos caracteriza individualmente es una «huella digital» de cómo hemos vivido. Disociarlos de los sentimientos y las emociones históricas es un error más que frecuente, tanto como el hecho de no entender que un pequeño problema puede ser el disparador de un gran conflicto emotivo no resuelto que se prolongará tantos años como dure el olvido mismo.

El ansioso no recuerda aquello que no está preparado para soportar. Solo recordamos lo que sí podemos tolerar, el resto se paga con ansiedad. En cuestión de sentimientos, olvidar solo es guardar, y cuanto más tiempo se guarde, más pequeño será el problema disparador, más intenso el síntoma emergente y más obvia la huella digital de nuestra postura.

El arte de leer la postura corporal de la persona ansiosa con síntomas físicos permite entender el ánimo de cada uno en lo diario y en su historia vital. El arte de escuchar el relato de esa persona permite encontrar los recuerdos tan guardados que parecen olvidados, pero nunca desaparecidos.

Retomando el ejemplo de la ameba, si esta es molestada con una simple aguja, veremos que huye. Si insistimos y la acorralamos, tratará de rodear el objeto punzante. En una unidad de vida tan simple como la ameba, el miedo tiene dos caminos: huir o atacar. Miedo y agresividad son dos emociones muy unidas. Como seres emotivos y también formadores de sentimientos, las personas podemos elaborar estrategias para que el miedo no parezca cobardía y la agresividad no evoque violencia. Esto se consigue con la actitud corporal. Una postura corporal muy habitual en nuestra cultura es la que aparenta fortaleza ante la adversidad y da la sensación de seguridad en uno mismo, con el tórax hinchado, los hombros elevados, las rodillas rígidas e inflexibles, y el rostro tenso y serio. Pero la rigidez corporal habla de un cuerpo impregnado de ansiedad. Son posiciones corporales cansadoras y, con el tiempo, dolorosas.

Miedo y agresividad se encubren hoy en día bajo la etiqueta de estrés. Esta sociedad de individuos estresados es una sociedad cansada que conoce demasiado bien los dolores corporales.

Adoptar una postura de disimulo por tiempo indeterminado agota, ya que ello provoca un verdadero hábito postural en el individuo, que parece no tener miedo aunque lo tiene, y mucho. Este hábito muchas veces desemboca en una repentina sensación de malestar intenso caracterizado por un descontrol de la conciencia; la persona cree que va a sufrir un desmayo que finalmente no ocurre, sufre gran inestabilidad pero no se cae, siente ahogo pero no le falta el aire, y por último le asalta el miedo a la muerte pero no muere.

El descontrol del control postural inconscientemente fingido (y muchas veces exagerado a conciencia), se trasforma en un ataque de pánico, también conocido como ataque de ansiedad. El cuerpo se rebela contra la tiranía de una mente que quiere controlarlo todo, y ya es sabido que quien pretende controlarlo todo en algún momento no controla nada, ni siquiera a sí mismo. En este punto la ansiedad, ese miedo mínimo, se transforma en máximo, el pánico.

La razón de la existencia radica en el sostenimiento de la vida del cuerpo. Esta verdad, como todas, admite matices. Cabe precisar que en ello influye no poco la calidad de la vida del cuerpo y el espíritu, la contribución de la persona a la sociedad y la trascendencia de esa contribución más allá de su muerte. Los valores cambiarán según las distintas culturas y a lo largo del tiempo, pero la continuidad de la especie humana se sustenta en la lucha contra la adversidad de forma individual y colectiva. La responsabilidad de la propia existencia afecta a la existencia colectiva, pero esta última parece empeñada en sacrificar la otra verdad de la razón de vivir, que es la persecución de la felicidad.

Ni la existencia individual ni la colectiva aceptan la realidad de la infelicidad, causada principalmente por los límites de la existencia misma. La preocupación por el más allá y el «más aquí» que es la vida misma da como resultado seres ansiosos que, preocupados por el devenir, pierden el presente e ignoran el futuro inmediato.

Cuando nos encontramos con realidades nefastas, ¿dónde está el equilibrio? En vivir la felicidad del presente por pequeña que sea, ocuparse de un mañana mejor pero posible, sacrificar el cuerpo en las tareas en la misma proporción que le brindamos placer. Sin embargo, tengamos en cuenta que ningún placer tiene acceso a nosotros si no es por la vía de los sentidos.

Si pensamos en la influencia de una cultura que castiga el placer físico, asociándolo con la pereza o lujuria, al tiempo que privilegia el cansancio y el dolor como símbolos de trabajo, no es de extrañar que en nuestra sociedad haya tantos cuerpos con síntomas físicos que se relacionan con medallas al mérito. ¿Es un mérito estar enfermo?

Leonardo da Vinci dijo: «No vivimos una época de cambios, vivimos un cambio de época.» Se refería al Renacimiento: arte y ciencia en un mismo individuo y en una misma sociedad. Desde hace casi dos siglos vivimos otro cambio de época, la sociedad del rendimiento, una sociedad de prisas y sin pausas, una sociedad de vértigo que nos conduce de la era industrial a la tecnológica sin parada intermedia.

El culto al rendimiento exige el sacrificio del cuerpo, el productor de emociones. No hay tiempo para cansancio y descanso, como tampoco para expresar las dudas, pese a que nunca el individuo dudó tanto como en esta vorágine. Y el individuo aprendió a callar su duda. Aprendió a hacerlo con tanta eficacia que ahora no sabe que esa sensación inquietante que lo acompaña siempre es miedo en su mínima expresión, aunque no por ello deja de ser agobiante. Debido a todo esto, hoy vivimos el reinado de la ansiedad. Y se trata de un reinado porque la sociedad misma se ocupa de transmitirlo y confirmarlo al señalar que un ser inquieto parece más productivo.

Pero ¿necesita un ser reflexivo esa inquietante y molesta confusión del cuerpo? La respuesta es no. ¿Qué productividad positiva puede tener una persona sometida a un estado de miedo mínimo constante? Seguramente una productividad escasa y deficiente, pero mientras el individuo rinda, debe seguir, y si enferma, otro hará su trabajo.

En este punto surge la gran pregunta para salir de la ansiedad permanente y desgastante: ¿hay que aprender a controlar la ansiedad, o es mejor desaprender los hábitos ansiosos trasmitidos culturalmente? Ya sabemos que el ansioso es un obsesivo del control. ¿También le vamos a pedir que controle su ansiedad? No, de ninguna manera, deshacer los hábitos ansiosos es aprender a relajar.

Ya varias generaciones de sociedades ansiosas crearon ciudadanos de la cultura del rendimiento. Rendir es estar siempre disponible, aun cansado, aun doliente o simplemente con sueño, y hablar de felicidad aunque sea incompleta es casi una herejía social. El hecho de estar siempre disponibles indica eficiencia y voluntarismo, pero eso nunca podrá sustituir a la eficacia y la pasión por la tarea.

Los eficientes y voluntariosos son herramientas fundamentales de las políticas de cambio, instrumentos necesarios y también reemplazables por otro ciudadano rendidor. Los eficaces, a diferencia de los eficientes, generan las políticas de cambio; el eficaz hace más con menos y el eficiente produce menos con mucho más desgaste. Más gasto de energía, más horas de trabajo poco rentable, más cansancio, más indiferencia por la tarea, más ansiedad y, por supuesto, menos pasión.

Ese mínimo de miedo sin conciencia, del cual solo reconocemos la inquietante e incómoda sensación corporal que llamamos ansiedad, transforma la eficacia en eficiencia. La eficiencia sostenida en el tiempo con la ansiedad como combustible lastima los cuerpos, y estos, ya deteriorados, demuelen los estados de ánimo.

Se preguntarán muchos a qué teme el eficiente, y las respuestas son varias, pero la base de todas ellas es que muchas personas no quieren saber cuáles son sus miedos originales, cuándo comenzaron estos o qué los causó: negar su propia historia resulta un método para sobrevivir.

Una forma habitual de esquivar todas esas preguntas y evitar respuestas difíciles de soportar o incluso imposibles de sobrellevar es delegar la iniciativa en otros y cumplir órdenes impartidas por un superior. Es muy duro cumplir órdenes hasta aburrirse en la monotonía, pero eso evita el riesgo de impartirlas y ser juzgado, se evita el miedo a decidir. El que ejecuta órdenes no arriesga decisiones, no huye ni agrede, solo lleva a cabo lo que le mandan. Cumpliendo órdenes se evita pasar por grandes miedos, pero lo que no se puede evitar es la inquietud por no poder cumplir, y eso genera ansiedad, mucha ansiedad, sobre todo cuando la orden encierra la trampa de la falta de tiempo para llevarla a cabo.

Todo lo descrito hasta ahora es real, es cierto y también parece terrible, y para muchos de hecho es así: vivir la vida en un sinvivir. Tal vez alguien piense, equivocadamente, que solo el poderoso que toma decisiones está a salvo de la condena que pesa sobre los demás, a sinvivir o a la infelicidad. Nada más alejado de la verdad. Existen y son muchas las personas que no tienen poder, ni son ricas, ni cambian la sociedad con solo chasquear los dedos, pero que aun así son felices o tal vez algo muy parecido. Como también hay personas con gran poder, mucho dinero y que rigen el destino de miles o incluso millones de personas, y que aun así son unos pobres infelices.

Ser dueño de nuestra propia vida, por sencilla que esta

sea, nos acerca más a la felicidad, mientras que ser dueño de la vida de millones de personas, tener riqueza y poder, si eso conlleva la pérdida de la propiedad de la propia vida, hace que la persona sea esclava de sostener ese imperio poderoso, y seguramente será infeliz.

El lector puede pensar que he pasado de la tragedia del mundo del rendimiento, que existe y es una plaga social, a un romanticismo utópico donde los ricos también lloran. Por supuesto que esto último es igualmente cierto. Solo señalo los extremos, en el medio se encuentra la humanidad en el momento de la historia que usted elija.

La ansiedad surge de no saber, no entender esa inquietud corporal, ese estado de agitación del cuerpo, esa forma de vivir con un cuerpo que genera sensaciones, verdaderos sentimientos corporales que perturban nuestra vida. La ansiedad es una alarma que nos avisa de que no vamos bien, sin embargo aprendemos a convivir con ello, igual que quien aprende a convivir con las sirenas que alertan del bombardeo del enemigo. Sin embargo, este último no tiene opción: debe dirigirse a los refugios si puede o quedar abandonado a su suerte. En la ansiedad sí hay opción y es tan simple como averiguar de qué intenta alertarnos el cuerpo: ¿cuál es el riesgo?, ¿cuál es el peligro? Pero cuando la respuesta está en la historia de uno mismo —¿cómo he vivido?, ¿cómo vivo?—, eso implicará cambiar, reconocer errores, porque la estrategia más frecuente de gran parte de esta sociedad es negar la realidad de esas historias.

Entonces aparece «la virtud de los síntomas», «ese dolor de espalda crónico tiene la culpa de todo», o «esos vértigos que nadie sabe de dónde vienen y no me dejan ser feliz», «vivir estreñido es insoportable, no disfruto nada».

Sin duda nadie imagina síntomas, estos son producto de disfunciones biológicas y constituyen realmente un problema, muchas veces un gran problema que lesiona la calidad de vida y terminan obsesionando, sobre todo cuando los padecimientos duran años y se integran como parte de una identidad: «Hola, soy Juan, tengo 40 años, soy abogado, estoy casado, tengo dos hijos y sufro migraña», y a partir de ahí la persona en cuestión no sabe hablar más que de lo infeliz que lo hacen sus migrañas.

A continuación veremos cómo la ansiedad se hace síntoma y provoca una disfunción biológica. Luego esta sirve de tapadera para ocultar la historia personal que generó ese miedo nunca asumido ni entendido, pero muy guardado en nuestra memoria, que emerge pidiendo ayuda a través de un cuerpo sufriente.

7

Tono neurológico y tono mecánico o la propiedad de los cuerpos para recobrar la forma primitiva cuando cesa la causa deformadora (ansiedad, tristeza, angustia, miedo...)

Si nos preguntamos qué es un músculo, la respuesta es: un órgano. ¿Y qué función tiene este órgano? El músculo produce acción y movimiento. Por lo tanto, y como ya hemos comentado, es un órgano de expresión. Detallando un poco más, el músculo lleva a cabo dos acciones interdependientes en cuanto al movimiento se refiere. La primera de ellas es el movimiento **fásico**, el que se ocupa de los desplazamientos de los segmentos corporales entre sí. Cuando ello ocurre, se produce la expresión corporal y gestual del individuo, que lo caracteriza. El otro movimiento es el **tónico**, que imprime un mínimo indispensable de tensión al músculo, y este existe ya sea en estado de reposo o durante el movimiento fásico, acompañando siempre a este último en su función de movimiento y expresión.

Podemos profundizar un poco más para entender mejor los casos que relataré en próximas páginas. Sir Sherrington, padre de la neurofisiología, definió el tono neuromuscular —también conocido simplemente como tono o tonicidad— como el estado mínimo de tensión de un músculo. Esta definición quedó abierta a muchas interpretaciones, y entre ellas la más clásica fue pensar en un mínimo de contracción que prepara al músculo para la acción. Esta visión, si bien es correcta, también resulta incompleta, ya que aparte de tener en cuenta la preparación para el movimiento, no explica todo lo que acontece en ese estado de tensión previa: la expresión de sentimientos y emociones que también participan de la tonicidad muscular. Por tanto, en el estado previo de tensión ya hay emotividad y sentimientos.

El estado de tensión previa, o tono, resulta de la suma algebraica de los distintos impulsos eléctricos provenientes de las regiones del sistema nervioso central (SNC). El grado de tensión del tono en los distintos grupos musculares de una misma persona en un mismo momento dependiendo de las circunstancias, entre las que destaca el estado emocional. La influencia del tono emocional durante los movimientos fásicos y estáticos condiciona el movimiento y nos indicará la capacidad de expresión de un músculo.

El tono neuromuscular se organiza en el cerebro, en las estructuras corticales y subcorticales, siendo estas últimas las que contienen los distintos «programas de movimientos». Por ejemplo, en los ganglios basales se encuentran los programas de los movimientos articulares más elementales, como la flexión, extensión, rotación, inclinación, etc. Estos programas están disponibles para otras estructuras subcorticales que los necesiten. Es el caso de la sustancia negra, donde se elaboran programas de mayor envergadura que se maduran durante la evolución ontogenética (aprendizaje durante la vida) y movimientos pertenecientes al aprendizaje filogenético (aprendizaje durante la evolución de la especie), como por ejemplo caminar.

Para caminar correctamente no solo hay que mover las piernas, sino que tenemos que balancear los brazos de forma opuesta a la de los miembros inferiores para mantener un eje de equilibrio. El movimiento de los miembros superiores va a estar relacionado con los desplazamientos de las escápulas sobre la parte superior del tórax, y estas se moverán por las rotaciones del tórax con respecto a la pelvis, que a su vez producirá inclinaciones con respecto al tórax para amortiguar el impacto de las piernas contra el suelo.

Aquí vemos cómo la sumatoria de movimientos simples distribuidos en la totalidad del cuerpo conforma una acción tan importante como el hecho de caminar, un «programa» almacenado en la sustancia negra y que se aprendió a partir de la posición erecta en un proceso que se prolongó durante millones de años de trabajo evolutivo. Los programas de los ganglios basales ya existían en los homínidos muy primitivos, pero a partir de la posición erecta se conformó un programa de automatismos más complejos, de mayor efectividad y menor consumo de energía, como ya se explicó, y quedó registrado en una estructura superior como es la sustancia negra.

No pretendo que el lector recuerde como un neurofisiólogo los nombres de las estructuras nombradas, que se ofrecen solo a efectos ilustrativos. Sí es mi interés que se comprenda la base biológica de los hechos que realizamos a diario de forma automática y que, aun así, expresan el estado de ánimo.

El niño aprende a gatear hacia los seis meses de edad, cuando el programa para realizar flexiones, extensiones y rotaciones de los miembros y el tronco ha alcanzado suficiente madurez. Aproximadamente al año de vida puede ponerse en pie, y logra caminar correctamente hacia los tres años, ejemplo de maduración ontogénica.

El hecho de caminar no es tan sencillo como podría parecer a simple vista, porque exige un tono neuromuscular, y entiéndase por este, como ya se ha mencionado, el estado de contracción previa que prepara para la acción y que existe tanto en esta como en el reposo. Si observamos caminar a la gente veremos que cada persona tiene sus peculiaridades, si bien todos se acogen a las pautas mecánicas y automáticas antes descritas. Veremos individuos encorvados o muy erguidos, otros caminarán rápido, algunos arrastrarán los pies, etc., y esto tiene mucho que ver con qué tono han recibido los músculos antes de iniciar la marcha y durante esta. Eso dependerá en gran medida de los impulsos recibidos de otras estructuras, como por ejemplo el lóbulo límbico, que almacena los sentimientos más primitivos del ser humano, como la agresividad, el miedo, el amor o la conducta sexual. A grandes rasgos, es la alacena de nuestros sentimientos esenciales.

Según descargue una persona estos sentimientos en su marcha, aumentará o disminuirá el tono. Pero el proceso es más complejo aún, porque hay toda una fase sensorial importantísima procedente del mismo cuerpo, que, mediante impulsos nerviosos, informa a la corteza cerebral de su propia posición. Esto se explica de la siguiente manera: los tendones, ligamentos o cápsulas articulares, sometidos a un estado de tensión, acortamiento o alargamiento, enviarán información acerca de en qué posición está cada una de ellos. La suma de todas las informaciones dará una orientación de la posición global del cuerpo para que se efectúen las correcciones correspondientes según las variables externas, como por ejemplo si se está andando cuesta arriba, cuesta abajo, cargando peso, etc.

Esta información se dirige a estructuras mayores, como el cerebelo y el tálamo. El primero es el gran regulador del equilibrio corporal al recibir la información del oído interno y los ojos. Cuando las estructuras cerebrales reciben los datos que proporcionan estos órganos, responden con impulsos que se van a ir sumando a los provenientes de otras zonas. Por ejemplo, al subir una cuesta, el cerebro manda impulsos para aumentar el tono de los músculos extensores. Pero si la persona se encuentra deprimida, los estímulos procedentes del lóbulo límbico actuarán en forma de resta, por lo que el individuo probablemente caminará encorvado por una disminución del tono de los músculos dorsales, que a su vez será compensada con más tono en los glúteos, cuádriceps y gemelos para obtener una mayor fuerza de tracción. Por supuesto, el proceso no se limita a dos estructuras. Todos los estímulos que salen de la corteza cerebral y entran en ella solo pueden hacerlo a través del tálamo (la secretaría general de acceso a la corteza), que puede dividirse en dos partes, una específica y otra inespecífica. Por la primera van a pasar los estímulos provenientes de los órganos sensoriales: por ejemplo, el sonido se introducirá en el cuerpo por los oídos, y de estos irá al área auditiva para ser procesado. Pero para llegar a la corteza los impulsos nerviosos necesariamente pasarán por el tálamo específico, y a través de las conexiones neurológicas de este se enviarán al área auditiva de la corteza cerebral. Si se produce una acumulación de estímulos, como ocurre cuando hay mucho ruido, los excesos eléctricos producidos en el área correspondiente volverán al tálamo específico, y este los trasladará al área inespecífica. Esta siempre los enviará a la zona motora de la corteza cerebral, que se ocupará de mandarlos por el sistema nervioso central hacia los músculos, que finalmente reaccionarán sumando tensión. Este proceso puede ocurrir con todas las estructuras de la corteza cerebral y subcortical.

Si tomáramos el caso inverso, y en lugar de una depresión se produjera un estado agresivo contenido, el exceso de impulsos nerviosos se descargará en el área inespecífica, esta los enviará hacia el área motora, y nuevamente se dará un aumento del tono muscular. A todo ello hay que sumar los estados de fatiga de las estructuras y el envejecimiento. Si tenemos sueño, cosa que sucede cuando se fatigan las neuronas de la sustancia reticulada ubicada en la base del encéfalo, el tono recibirá un aporte negativo procedente de esta área, pero si nos encontramos en un estado de correcta vigilia, el tono se verá aumentado.

En el caso de deterioro o envejecimiento, un buen ejemplo serían los parkinsonismos propios de la senilidad que ocurren con el envejecimiento de la sustancia negra. Es normal ver en la gente mayor la pérdida del balanceo de los brazos o el hecho de arrastrar los pies durante la deambulación. Esto es más acusado aún en la enfermedad de Parkinson, que puede ocurrir en una edad temprana por una degeneración brusca de la sustancia negra con una sintomatología más agravada.

Como queda expuesto, la definición mal interpretada pero muy bien enunciada por Sherrington de que el tono neuromuscular es el estado de tensión de un músculo no se limita al reduccionismo de pensar en una simple tensión muscular, sino que es la suma algebraica de impulsos eléctricos que transitan por el sistema nervioso central hasta llegar a las unidades motoras. Estos impulsos nerviosos se originan en distintas estructuras del encéfalo y la médula, y son una manifestación de la evolución filogenética, la maduración ontológica, el estado anímico, la ubicación temporoespacial, el estado de cansancio del individuo y, lo que es más, su salud. El resultado, que variará prácticamente a cada instante, es lo que se intentó reducir en la frase «estado de contracción previa de un músculo».

Aunque Sherrington no pretendió que esta descripción del estado de una persona en un momento determinado fuera una definición, lamentablemente a través de los años se le malinterpretó y se consideró como tal. Pero si nos limitamos a considerar el tono neurológico como forma de tensión de un músculo, que como se acaba de explicar es la suma de muchos factores en un momento determinado de la vida y que prácticamente cambia a cada instante, no debemos olvidar que el músculo está compuesto por proteínas contráctiles que son la actina y la miosina. La primera tiene una elasticidad variable que dependerá de si se producen contracciones que posteriormente no se compensen con un estiramiento. Esta sería la primera variable de lo que podemos entender como estado de tensión por acortamiento mecánico. A ello se le añade que los músculos empiezan y terminan en tendones formados por tejido conjuntivo. Entre los componentes de este último se encuentra otra proteína, la elastina, cuyo nombre es suficientemente descriptivo, por lo que si no se trabaja en aras de la reconstrucción del acortamiento mecánico a través del tiempo, los músculos tienen un tono paralelo al tono neurológico, que es el mecánico, que además de estar producido por la tensión de las proteínas musculares y tendinosas se va a ver visto fundamentalmente influenciado por el estado de elasticidad de sus envoltorios conjuntivos conocidos como fascias. Estos envoltorios y sus proyecciones intramusculares que envuelven porciones son altamente susceptibles de ser moldeables por las contracciones musculares y el tono neuromuscular.

Las fascias no se encuentran aisladas, sino que por el

contrario están conectadas entre sí formando un todo, en toda la expansión del cuerpo humano rodeando a todos los músculos e interconectándolos a ellos entre sí, su tono mecánico influirá con el tono neurofisiológico.

Si el tono neurofisiológico se define como el estado de tensión que prepara y actúa en una persona durante el movimiento muscular en un momento determinado, cabe decir que el tono mecánico es la expresión de la huella dejada por la existencia de la persona, ya que solo se ve afectada por cambios mecánicos producidos por fuerzas externas.

«Como la tiza y la pizarra»: podría decirse que en la postura de una persona está escrita su historia, su carácter, su temperamento y su estado de ánimo. Mediante estos datos, es posible hacer una lectura del individuo, por lo que cabría decir que el cuerpo y su postura tienen su propio lenguaje simbólico.

Por supuesto, la ansiedad es un factor que influye en el tono neurológico. En el caso de una persona ansiosa, la actividad del sistema nervioso aumenta, y ello a su vez incrementa el tono muscular. Si esta circunstancia se prolonga en el tiempo, el tono mecánico se verá comprometido, y este no tiene retorno, el músculo queda moldeado.

Para ser más claros, hay momentos concretos de ansiedad durante los cuales ponemos en tensión las capas musculares. Si nos calmamos pero la ansiedad vuelve una y otra vez, trasformaremos la plasticidad muscular dejando una huella que será propia y característica de nuestra persona. La historia individual de cada ansioso o ansiosa queda escrita en los músculos de su cuerpo.

Cuando las funciones de las articulaciones y la postura

global se ven alteradas, surgen las disfunciones y sus consecuencias. De un cuello rígido cabe esperar cefaleas o vértigos por la compresión de los elementos nobles del cuello, es decir, vasos (venas y arterias) y nervios periféricos. En este punto la ansiedad transforma ese mínimo de miedo, esa inquietud corporal, en un síntoma biológico. La ansiedad causa tensión muscular y de los tejidos blandos, lo cual a su vez provoca la aparición de disfunciones concretas con síntomas claros como migrañas, vértigos y mareos difusos, fatigas extremas y otros síndromes tan difundidos en la actual sociedad.

Es aquí cuando el ansioso se obsesiona con su síntoma y no piensa en la ansiedad como génesis; espera del mundo médico una respuesta a su dolor, a sus mareos u otros síntomas, no considera que su disfunción se deba a una historia de vida ansiosa que ha dejado una marca en su cuerpo.

Desafortunadamente hoy se escucha poco al paciente, se medica en exceso para aplacar los síntomas y no se busca minuciosamente la causa. Se llevan a cabo muchos estudios de imágenes y se efectúa muy poca clínica sobre el cuerpo del paciente; es más frecuente pedir una resonancia magnética o un TAC que explorar con pericia clínica la rigidez de la musculatura lumbar o cervical, por no mencionar el hecho de realizar un análisis postural que explique la razón de una postura que nos hable de un ser sometido a una presión sostenida en el tiempo. Es fundamental escuchar al paciente, pues en su relato se encierra la verdad de su padecer. El doctor Gregorio Marañón decía que el mejor lugar para el médico era la silla, para escuchar mucho al paciente y después actuar.

Por supuesto, el paciente ansioso no se reconoce como tal, en todo caso dirá «como todo el mundo», como si eso lo eximiera de su ansiedad y las consecuencias de esta. También por supuesto quiere soluciones inmediatas, cuando no mágicas, de forma que tiende a no buscar causas profundas y a recibir de buen grado prescripciones de muchos fármacos que enmascaran el cuadro. Si el paciente siente dolor, se le recetan analgésicos, uno tras otros, además de protectores gástricos para contrarrestar los efectos secundarios, y como es ansioso como todo el mundo, ansiolíticos como todo el mundo. Pero hablar sobre qué le sucede queda descartado.

Luego vendrá un largo peregrinaje a especialistas, estudios sofisticados, repetición de estudios, cambio de medicación, y en ese momento, que a veces se produce muchos meses después cuando no años, la persona enferma empieza a comprender que hay algo más, algo en sí mismo que no está bien y que no comprende.

8

La paradoja del cuerpo

Vivimos en una cultura inductora de miedos. Todas las culturas de las que se tiene información a través de la historia han vivido momentos trágicos y miserables; siempre se cree estar viviendo el fin de los tiempos, la inminencia del Apocalipsis Ahora.

El ser humano, dotado de conciencia de sí mismo, pretende ser protagonista del fin del mundo, planteándolo desde la perspectiva de la tragedia que le toca vivir. Pese a ello, la humanidad siguió siempre adelante con sus virtudes y miserias..., pero qué difícil es sentir algo de felicidad sin culpa, de vivir el cuerpo en la plenitud de la salud y el goce del cuerpo sano con sus sensaciones, emociones y sentimientos. En todo caso, la cultura del Apocalipsis Ahora garantiza no morir solos, cuando el verdadero problema es el miedo a vivir la vida.

Algo es seguro y el cuerpo lo demuestra: vivir pensando que nos ha tocado el peor momento tensiona, disfunciona, lastima y enferma, pues pensar de ese modo garantiza como mínimo ansiedad. Esto sin duda nos dice que nos encontramos en una cultura productora de ansiosos. Nadie puede asegurar que los optimistas vivan más que los pesimistas y agoreros; pero los primeros, los optimistas, no son ingenuos, saben de las dificultades de la vida, pero la llevan con menos tensión, se lastiman menos, no se obsesionan con sus síntomas y eso les deja la mente más libre para superar la adversidad y aspirar a una vida mejor.

Aun así nos sentimos angustiados por el dolor de existir, ese dolor que nace de sabernos seres mortales, porque existir conlleva la necesidad de cuidarnos y el deseo de que nos cuiden, como también el de cuidar a los demás. Cuidarnos es algo que se suele llevar mal: nos malcuidamos, nos postergamos, abusamos de nosotros mismos. Definitivamente, nos mostramos más atentos con nuestras posesiones materiales que con nuestro propio cuerpo. El deseo de ser cuidado es infinito y siempre insatisfecho. ¿Sabemos pedir que nos cuiden? ¿Nos rodeamos de personas que sepan cuidarnos? ¿Mostramos a los demás cómo es nuestra forma de sentirnos cuidados? Un cuerpo cansado, extenuado o dolorido ¿es la forma de pedir que nos cuiden? El egoísta no cuida a los demás, el sacrificado cuida a todos menos a sí mismo, y el irresponsable no cuida a otros ni se cuida a sí mismo. El egoísta sufre dolores intensos y crónicos buscando culpables y se siente abandonado, mientras que al sacrificado le duele el alma a través de su cuerpo lastimado por el sufrimiento propio y ajeno. El irresponsable asiste a su autodestrucción y de paso lastima a otros sin enterarse, pero su cuerpo vive anestesiado por su desapego a la vida, como si olvidarse de todo y de todos lo hiciese inmortal.

Muchas veces, el dolor insoportable del que se culpa a otros, o el dolor intenso y callado resultado de la anestesia de vivir sin raíces, son formas de ocultar el otro problema de existir: la infelicidad cotidiana que surge de no aceptar la felicidad incompleta. La felicidad existe, pero en momentos concretos; hay que ganarla, defenderla, y eso la hace incompleta por más empeño que se ponga en perseguir la felicidad eterna.

Por otra parte, la muerte existe y es inevitable, pero se lleva mejor viviendo en la construcción de una felicidad incompleta que sumergidos en el lamento permanente de la infelicidad cotidiana. El cuerpo es fuente de placer, sin embargo en nuestra cultura, el dolor corporal tiene una extraña atracción y el placer corporal una rara postergación.

Cuanto más desarrollada está la conciencia de uno mismo como ser individual, más humanos somos; esto es precisamente lo que nos diferencia del resto de los animales. Sin embargo, la conciencia no es un regalo, es el resultado de un proceso evolutivo que requirió millones de años. Sobre nuestra fina corteza cerebral descansa gran parte de esta capacidad de ser conscientes.

La capa más superior del córtex reproduce imágenes, no solo visuales, sino también táctiles, olfativas, auditivas y las originadas por el sentido del gusto. Estas imágenes se engarzan y entrelazan en capas más inferiores de la corteza. En una capa más inferior aún, ya en la base cortical, se almacena una memoria parcial: es la memoria inmediata. Núcleos más profundos del cerebro y más primitivos en la evolución son los responsables de unir las representaciones mentales del mundo exterior con las del interior, esto es, con las sensaciones profundas de nuestro estado corporal: glucemia, ritmo cardíaco, respiratorio, y todas y cada una de las funciones de todos los órganos. Si la función corporal vital sufre una disfunción, se altera la percepción real del mundo exterior debido a la percepción errónea de un cuerpo sometido a distintos peligros. Estos peligros pueden ir desde estrés o la desnutrición, pasando por fatiga difusa circunstancial, hasta el otro extremo del abanico, como son las patologías terminales.

Este proceso de unir el estado vital corporal con las sensaciones experimentadas por el cuerpo en su totalidad e historia forma emociones. Estas, más elaboradas, dan sentimientos que, en su mayoría, se refugian en el inconsciente. Trabajar la conciencia de estos estados para que la persona los conozca es iluminar la oscuridad y ver lo que realmente existe. Como he dicho antes, construir la vida desde la verdad, sin autoengaños. No se trata de descubrir nada nuevo, sino de aportar luz a una memoria acomodaticia que teme revivir el pasado normalmente mal entendido, o por el contrario tan bien entendido que da miedo hacerlo consciente.

Cuando el cuerpo se rebela y aparecen los síntomas es porque el inconsciente no quiere que afloren determinados hechos que parecen poder desembocar en locura. Sin embargo, muchos síntomas físicos diarios hacen dudar a la persona de su propio juicio, mientras que otros son reales, desmotivantes y trastornan la vida cotidiana. Un dolor de cabeza intenso y crónico o un vértigo permanente son producto de un cuello que ha permanecido en tensión durante años. Una buena técnica terapéutica manual puede solucionar la tensión muscular parásita, pero no la fantasía de «perder la cabeza» que simboliza la idea inconsciente de locura, ni mucho menos lo que origina semejante fantasía. En la resolución de todo trastorno físico está la oportunidad de iluminar con la conciencia la oscuridad inconsciente donde se exiliaron los hechos traumáticos de la vida.

El cerebro humano, dotado de una mente capaz de producir el pensamiento que caracteriza a nuestra especie, es cautivo del cuerpo tanto para percibir la realidad interior como para captar sensaciones emotivas del mundo exterior. Sentir, emocionarse y crear sentimientos emotivos solo es posible a través del cuerpo. Dada la evolución filogenética de millones de años, nuestro cerebro está preparado para reaccionar a la estimulación tanto interna como externa y reaccionar en consecuencia. Pero nuestro desarrollo cerebral también nos permite recrear sensaciones y emociones de forma anticipada; con solo reproducir las imágenes en nuestra mente, la aparición de un recuerdo puede suscitarnos miedo, asco o alegría y hacer emocionar nuestro cuerpo como si el hecho ocurriera.

Por definición, cultura es aquello que produce el ser humano, tanto lo bueno como lo malo. El arte, la medicina o el desarrollo del bienestar son cultura, como también lo es la guerra o la basura. La sociedad desarrollada actual es culturalmente alarmista y adicta a la distorsión confusa y atemorizante, de forma que convivimos con muchos miedos que son falsas alarmas inducidas por nuestro entorno social. La cultura estresante de que lo peor está por venir produce una sociedad de individuos angustiados y temerosos cuyos cuerpos presentan síntomas que se anticipan a hechos que nunca ocurrirán. El cansancio permanente, los dolores musculares o las alteraciones digestivas que tanto caracterizan al ciudadano de las grandes urbes industrializadas sobrevienen con el miedo a perder aquello que anhela y aún no tiene, ni necesita. La cultura del tener para pertenecer aplasta al individuo, que solo necesita ser quien es, pero la vida se le va sin encontrarse a sí mismo.

Muchas personas se identifican más con sus síntomas que con su esencia. La paradoja del individuo que no es fiel a su esencia es que termina siendo una persona impregnada de sensaciones corporales que lo obsesionan, de miedos inducidos, viviendo un sinvivir que realmente enferma.

El individuo encuentra motivos para justificar casi todos sus padeceres existenciales. En cambio en el inconsciente, en lo profundo del ser, en ese lugar de recuerdos hundidos a fuerza de supervivencia, muchos argumentos de la conciencia se desvanecen ante hechos irrefutables que ocurrieron, pero como no se recuerdan, se actúa como si no se hubieran vivido.

La conciencia se ubica en zonas periféricas y superficiales del cerebro, por ejemplo el córtex, o corteza cerebral. El inconsciente es más voluminoso y se ubica en amplias zonas bajas del cerebro. En la corteza se localizan las áreas sensitivas y motrices, por eso las interpretaciones conscientes producen reacciones musculares, sobre todo en músculos superficiales que son visibles, como caras tensas u hombros elevados. En el tallo cerebral, que tiene una ubicación profunda, y en la periferia del mismo se almacena la gran memoria oculta, relacionada con la musculatura profunda y las vísceras. Esos nudos que se sienten en la boca del vientre o garganta, ese estreñimiento o diarrea, son manifestaciones físicas concretas que responden a hechos olvidados que nunca han desaparecido del todo. Muchas veces la palpación de las vísceras dicen más de una persona que aquello que esta recuerda de sí misma.

No recordamos aquello que queremos, sino aquello que podemos soportar. Un «quiste de memoria» es una suma de sensaciones vividas en el pasado con tal intensidad que su recuerdo puede ser motivo de profundo dolor afectivo. Esas sensaciones son las imágenes, sonidos y datos físicos que acompañaron un hecho tan decisivo como desafortunado que pudo poner en juego nuestra existencia física y afectiva, o incluso nuestra cordura. Aquello que almacenó «el quiste» no llega al recuerdo consciente. En este punto, por más que nos esforcemos en recordar todo aquello, no lo conseguiremos, aunque siempre tengamos sensación de angustia o ansiedad cuyo origen no podemos explicar. Los «quistes de memoria» son recuerdos almacenados en las neuronas de la región de la amígdala del cerebro, un área claramente afectivo-emocional.

Existe una suerte de cabezal lector de doble superficie que lee las emociones del recuerdo negado y fuertemente reprimido, al tiempo que lo codifica y lo envía hacia el exterior en forma de movimientos, sensaciones o actos mismos de la vida diaria, que representan de forma simbólica aquel hecho que nuestra conciencia no puede soportar. Ese cabezal lo conforman neuronas paratalámicas y hasta el tálamo cerebral mismo.

Las tensiones musculares son quizá la forma más habitual de expresar simbólicamente el recuerdo almacenado en el «quiste de memoria». El consabido nudo en el estómago que tan bien se describe en los estados de angustia no es otra cosa que la tensión de un diafragma crispado que lucha por contener la salida de un llanto espasmódico guardado desde hace años, al igual que un nudo en la garganta es la tensión de los músculos que comprimen la laringe con igual motivo: no llorar. La nuca tensa es el símbolo de alguien que lucha por no perder la cabeza. Las diarreas o el estreñimiento son respuestas fisiológicas del nervio neumogástrico atrapado por músculos tensos en su largo recorrido, pero también es el espejo del miedo, una diarrea, algo tan popular en la descripción del miedo. Por otro lado, la retención de materia fecal es el miedo a dejar salir el recuerdo tóxico.

Cuando se palpa, se manipula o maniobra un cuerpo, es preciso recordar y saber que el paciente es una persona con sentimientos y emociones impregnados en su ser corporal. Existe una suerte de arqueología corporal, y es preciso saber leer los jeroglíficos inscriptos en el cuerpo del paciente que nos cuentan su historia. Un paciente solo se sentirá comprendido si su terapeuta manual nunca olvida que es un hermeneuta corporal.

Recordemos que, en la mitología griega, Hermes es un dios que intercomunica a otros dioses que hablan distinto idioma; de ahí la palabra «hermeneuta». Un hermeneuta corporal debe comunicar las partes del cuerpo que por distintas vivencias se disociaron y no se están comunicando con fluidez, hasta crear un cuerpo disfuncional. El terapeuta debe unir el cuerpo disfuncional con sus manos unificadoras hasta lograr que las tensiones heterogéneas se conviertan en tonos homogéneos y lograr extraer de las vísceras corporales, basándose en palabras de su paciente, esos miedos escondidos.

Desde la cuna hasta la tumba, el cuerpo es el lugar donde se desarrolla la vida. Este interactúa con otros cuerpos en idénticas circunstancias, pero todos de distinta manera; quienes mejor perciban su cuerpo, mejor vivirán. Si las emociones y sentimientos que se originan a raíz de un proyecto frustrado lastiman, recordemos que la falta de proyectos produce ansiedad. Obsesionarse con los síntomas de la enfermedad revela la falta de proyecto de curación, por lo tanto perpetúa el estado de enfermedad, porque no es igual sufrir una enfermedad que proyectarse al mundo como enfermo.

Nadie debe dudar de la enfermedad que relata el paciente, pero sí se debe distinguir entre el daño biológico y el síntoma, porque a iguales alteraciones biológicas hay distintos enfermos. El proceso de enfermedad es el tiempo que necesita el organismo para su recuperación, un tiempo que si el individuo enfermo sabe aprovechar y recibe ayuda terapéutica con más humanidad que tecnología, el provecho será mayor. Tras ello, la persona puede volver sana con un proyecto de una vida mejor.

Esta es la gran diferencia entre curarse y sanarse: aunque estas dos palabras pueden ser tomadas como sinónimos, curar es simplemente quitar la enfermedad del cuerpo, mientras que sanar es devolver la salud a un persona. Una persona curada puede quedar obsesionada con futuras enfermedades, mientras que un individuo sano es saludable en su cuerpo y los pensamientos que realice. La actitud positiva contribuye en gran medida a curar a la persona, aunque por sí misma no es suficiente. Creo que la obsesión por el síntoma es un tiempo de desconexión entre el razonamiento, la reflexión y las razones del valor de la vida misma; la obsesión por el síntoma entorpece y prolonga el proceso de enfermedad.

El miedo a la vida puede ser la génesis de muchas enfermedades cotidianas y el cuerpo su pantalla de proyección; las obsesiones conforman el miedo. Paciente y terapeuta deben ser protagonistas del razonamiento y reflexión del valor de la vida, y no meros espectadores de una película de terror.

Recuerdo que hace muchos años un paciente me dijo: no le pido que cure mi dolor de espalda, le pido que me sane como persona.

Ansiar es desear, anhelar, querer, esperanzarse. Es normal y justo desear la paz, anhelar la felicidad, querer un futuro mejor para nuestros hijos y esperanzarse con una vida mejor. Qué duda cabe que ansiar es bueno y saludable, no hay nada mejor que ansiar ser sano.

Pero ¿qué pasa con el ansioso? El ansioso desea algo con miedo a no poder llegar al anhelo. Así genera su propia encerrona: lo quiere todo ya, sin respetar los tiempos propios de cada proceso. El ansioso no sabe disfrutar del proceso, solo se desespera por obtener lo que desea. En esa forma de actuar se vuelve torpe en sus capacidades de realización, paraliza el placer de la construcción, construye con miedo a no terminar su anhelo y normalmente no construye, más bien destruye su cuerpo, su felicidad y su entorno íntimo.

El ansioso es un ser con miedo, con mucho miedo, ¿pero miedo a quién? Primero a sí mismo, y luego a los demás. Vivimos en una sociedad que premia el rendimiento continuo: rendir, rendir hasta caer rendido. No es lo mismo rendir que rendirse. Ansiar con objetivos claros no es ser ansioso, como tampoco es lo mismo sacar provecho de nuestra capacidad de trabajo que el hecho de que el trabajo triture nuestra capacidad de realización personal y nuestro potencial de contribuir a los demás.

En un proceso que se prolongó durante millones de años, nuestros antecesores evolucionaron hasta formar un cerebro con mente, que tiene la capacidad única de imaginar; sabemos que si se puede imaginar se puede hacer. Baruch Spinoza demostró en el siglo XVII que somos una sola sustancia, un cuerpo que piensa, y no dos sustancias. La dualidad cuerpo-mente no es posible, pensar sin cuerpo no existe.

Pensar y luego existir no es posible, existimos desde nuestro cuerpo, ese que siente y luego se emociona, como tan bien lo describe el neurólogo lusoamericano Antonio Damasio: cuando la emoción se hace memoria se produce el sentimiento. Como la emoción se puede transformar, bien sea en un sentimiento placentero o en el peor de los sufrimientos, todo depende cómo se haya vivido e interpretado el hecho cuando sucedió; en la memoria inconsciente esconderemos todo lo posible ese hecho de espanto junto a la particular interpretación que hayamos hecho, y en la memoria consciente magnificaremos el sentimiento de placer hasta el punto que la exageración del recuerdo será tal que el anhelo de repetirlo no será posible. Entre el deseo de repetir el sentimiento exagerado y la ansiedad que emerge del inconsciente que reprime con fuerza el supuesto horror vivido, aparecerá el ataque de ansiedad en formas tan dispares como variadas, pero siempre ocurrirá en el cuerpo. Vértigos o mareos son formas físicas de representar la inestabilidad emocional, el estreñimiento es el miedo a desfondarse, el miedo a perderlo todo. El dolor de espalda es la carga de la responsabilidad que ya no soportamos y quiebra nuestra voluntad.

El cine y la televisión han popularizado el ataque de pánico como el que padece un infarto, y no lo es. En realidad ese es el más famoso, pero lejos está de ser el único: ese es el clásico del miedo a la muerte, los anteriores son la consecuencia del miedo a la vida. El miedo a la vida surge de afrontar el hecho de existir, la gran oportunidad de ser quien sientas que debas ser, alternando felicidad con infelicidad. En la inexperiencia de la inmadurez se dice «así será mi vida», y luego en la madurez cargada de fracaso se dice justificando con resignación «así es la vida». Porque tener sin ser es igual que ansiar sin realizar.

Siguiendo con la problemática de vértigos y mareos sin diagnóstico convincente, es digno destacar la frecuencia con que hoy se diagnostica la enfermedad de Menière como responsable de los vértigos. Revisando la historia, el médico francés Prosper Menière nació en 1779 y en 1861 hizo la descripción de la enfermedad que, tras la muerte del científico al año siguiente, llevó su nombre. Si bien a día de hoy, más de ciento cincuenta años después, la causa que planteaba no ha sido demostrada, su aportación fue valiosísima. Menière diferenció al que padecía vértigos violentos y de corta duración de forma reiterada y muy frecuente, de los fabuladores y enfermos psiquiátricos, tal como era la actitud médica de aquellos tiempos.

En 1874 el neurólogo Jean Charcot, padre de lo que acabó siendo la neurología moderna, hizo otra invalorable contribución. La descripción de Menière demostró y Jean Charcot con autoridad certificó la falta de relación entre los vértigos y mareos paroxísticos con enfermedades del sistema nervioso central severas. Desde que Jean Charcot con tal precisión señaló la ausencia de un origen exacto, la enfermedad pasó a llamarse «mal de Menière», por lo tanto un síndrome, por ser un conjunto de síntomas y signos sin lesión o infección real, pero que la clínica identifica de forma cierta como vértigo y sus distintas formas. Menière señalaba como causa de este mal un edema en la región del oído interno, más concretamente en la zona laberíntica, pero hasta el día de hoy, con la tecnología del siglo XXI, este extremo no se ha podido demostrar. En los años sesenta del siglo XX se intentaron procedimientos quirúrgicos, cuyo fracaso llevó a su propia desaparición. Más adelante el uso de ansiolíticos ayudó pero no solucionó el problema.

Un todavía joven doctor Sigmund Freud, discípulo de Jean Charcot, dejó la neurología para desarrollar el estudio de los trastornos psicológicos creando el psicoanálisis. En su escrito *Hacia un proyecto de psicología* de 1898, relacionó los estados emocionales y los síntomas físicos. El psicoanálisis no curó los vértigos y mareos de origen incierto, pero ayudó a comprender la ansiedad. Hoy el prestigioso neurofisiólogo portugués Antonio Damasio, radicado desde 1975 en Estados Unidos y principal referente de las neurociencias actuales a nivel mundial, en sus investigaciones aplicadas a las emociones y sentimientos, nos refiere con precisión científica qué partes del cerebro almacenan la memoria y cuáles construyen emociones y luego sentimientos, y cómo toda esa construcción proviene de las sensaciones corporales.

El cuerpo nos construye como seres con pensamiento, pero desde los sentimientos y emociones. Desde aquí me resulta más fácil explicar que un cuerpo sometido a una mala postura debido a los desajustes que provocan las tensiones musculares producto de ansiedades, hijas de una forma de vivir en la que se quiere controlar todo, solo consigue el propio descontrol. Este aflora repentinamente como un desequilibrio físico en forma de vértigo o mareo violento e intenso, que refleja en el plano físico un estado alterado de sentimientos en desequilibrio. La cronificación de estos episodios lleva a un estado de mareo más atenuado pero casi constante que tiene sus consecuencias: fobias sociales, disminución del rendimiento laboral, alejamiento afectivo, anorexia sexual y por último depresión. Una vez más el cuerpo es una vía de entrada a la reestructuración de la forma de vivir que es un sinvivir, y la escucha atenta es el método para desentramar el miedo que se expresa como control para ser la paradoja del descontrol del pánico.

Entre las mil caras que puede tener un ataque de ansiedad, el vértigo y mareo crónico es una de ellas, como siempre con explicación biológica, psicológica y social. Desde que el doctor Menière separó el vértigo de la locura, han pasado ciento cincuenta años. Hoy la ansiedad es moneda corriente en la sociedad y sus individuos, y los vértigos y mareos una epidemia silenciosa que vive en la soledad de muchos más individuos de los que se sabe o se cree conocer.

El doctor Iván Pavlov, fisiólogo ruso galardonado con el premio Nobel por su trabajo sobre la secreción de los jugos gástricos a través de los reflejos condicionados en 1904, fue el padre de la denominada reflexología. Resulta interesante que hace más de un siglo se premiara y marcaran líneas de tratamiento psicológico a partir de que un estímulo externo pudiese desencadenar procesos fisiológicos en el estómago. Demasiado logro para una investigación realizada a principios del siglo XX con un perro.

Hoy, gracias a avanzados estudios de la actividad del cerebro humano y su compleja psicología, sabemos de su capacidad anticipatoria en base a sus recuerdos, de forma que podemos ir mucho más lejos y formular que muchos hechos de la vida cotidiana, metafóricamente hablando, nos resultan intragables o difíciles de digerir, así como hay sentimientos emocionales que con solo recordarlos ocurre lo mismo. La representación mental de la imagen de un hecho nefasto es claramente indigesta, sin embargo, no media ningún entrenamiento condicionante como el de Pavlov y su perro. Un mal recuerdo es dolor de estómago y acidez estomacal, muchos malos recuerdos son una gastritis aun siguiendo una dieta sana. ¿Cuál es la explicación? En nuestro cerebro, producto de la evolución humana en millones de años, se han desarrollado programas que se ponen en marcha cuando estos estímulos emocionales son suficientemente intensos.

La ira, el enojo y la supervivencia forman una tríada que nos impulsa devorar a quien nos daña, desprecia o humilla, y también aquello que nos alimenta. Hoy no depredamos de forma directa a otras especies para sobrevivir ni mordemos a nuestros depredadores. Hoy trabajamos y compramos nuestros alimentos y todos los bienes que nos garantizan la supervivencia, y para eso interactuamos en una sociedad que nos necesita al tiempo que nosotros necesitamos a nuestros congéneres. En las dificultades diarias a las que nos enfrentamos, es lógico segregar jugo gástrico ante aquel que nos perjudicó y ante la dificultad de conseguir el sustento propio y el de los nuestros. De acuerdo a la imagen que creemos ofrecer a los demás, elaboramos nuestro yo externo, y según varíe esta situación, tensamos y desencadenamos el funcionamiento del estómago.

Así pues, en la actualidad el estímulo para segregar jugos gástricos es también nuestra percepción de la imagen que creemos dar y sus posibles consecuencias; si tenemos una percepción distorsionada de la imagen que damos, nuestro estómago arde, pero incluso con una percepción correcta, si el medio social es agresivo o violento, también nos arde el estómago. Cuando sentimos que la realidad nos quema por dentro, sería bueno revisar qué imagen creemos dar o en qué sociedad habitamos. La imagen que damos no necesariamente es como somos: aparentamos, nos perjudicamos y perjudicamos a los demás, y la sociedad que habitamos muchas veces no es la que merecemos, porque son otros los que viven de apariencias y lejos están de ser nuestros semejantes.

Curiosamente, la palpación de los órganos digestivos no forma parte de una evaluación de los estados emocionales de las personas, como tampoco se tiene en cuenta que los estados emocionales se expresan con mucha frecuencia a través de los órganos digestivos. Surgen entonces preguntas: ¿Por qué la sabiduría popular llama visceral a la persona apasionada? ¿Cuántos sentimientos encuentran refugio en nuestras vísceras y se expresan con dolor o malestar? ¿Cuánto miedo hay en un estómago que parece salirse por la boca o en una repentina diarrea cuando recibimos malas noticias personales? Mientras las vísceras duelen dentro del olvido de los sentimientos profundos, poco a poco logramos recuperar de la memoria hechos y sentimientos tan dolorosos como olvidados que parecía que nunca hubiesen ocurrido.

Sin embargo, solo eso no bastará para que nos sintamos mejor, porque esa realidad olvidada hasta su aparente inexistencia estará juzgada por nuestros propios prejuicios del qué dirán. Así pues, solo estaremos mejor soportando la verdad propia tal como es, solo así llegará la tolerancia para con uno mismo, ese valor que calma el cuerpo y da la fortaleza vital y claridad de pensamiento para enfrentarse a los miedos propios y ajenos. Hay mucho miedo a vivir en plenitud, miedo a crecer, miedo al conocimiento y, sobre todo, miedo a las propias capacidades.

En una medicina manual más cercana, el trabajo sobre las vísceras produce situaciones irrepetibles en las que el paciente nos cuenta su historia por medio de la tensión de sus vísceras. A través de las manos terapéuticas se provocan situaciones como el llanto o la palabra misma: aquí comienza la verdadera descarga de los sentimientos contenidos y retenidos.

Hay un momento terapéutico para escuchar con las manos y con los oídos. Las personas ansiosas se sienten acompañadas con una mano cálida sobre las tensas vísceras cargadas con sentimientos de miedos inconfesos, y el hecho de sentirse escuchados por oídos atentos de un terapeuta con respuestas claras y oportunas les facilita hablar.

SEGUNDA PARTE

CASOS

9

Caso 1

Cuando la inestabilidad en la vida se hace síntoma, vértigos y mareos

LA HISTORIA DE LM

Ella era una mujer de aspecto normal, correctamente vestida, sonrisa complaciente, maquillada sin excesos, con una buena presencia que hablaba de una vida corriente. Así, cualquiera que la viese por la calle nunca pensaría que padecía algún problema de salud física ni mental, ni siquiera un estado de ansiedad poco significativo. Sin embargo, al mirarla, su sonrisa me pareció tensa, las mejillas rígidas, su cuello demasiado estirado y el aspecto muscular en posición forzada.

Llegó hasta mi consulta por un correo electrónico escrito por su madre que, con mucha corrección, precisión y detalle, describía el caso y me explicaba su preocupación personal por la hija, que padecía estados vertiginosos. Un típico problema de vértigos y mareos de muchos años de duración, con el habitual relato de haber consultado a todos los especialistas posibles: otorrinolaringólogo, neurólogo, traumatólogo y oftalmólogo. Ninguno de ellos encontró nada que justificase una patología importante para tener ese vértigo casi permanente durante años. La incomprensión del origen de sus vértigos era ya tan importante en su estado de ánimo como los mareos mismos.

La falta de diagnóstico patológico en estos pacientes, lejos ser un alivio, es motivo para pensar y sugestionarse de que lo suyo es tan grave e incurable que todavía nadie lo descubrió, y en ese hipotético descubrimiento, si alguien lo hiciera, solo cabría algo fatal.

LM había leído un artículo mío, muy difundido en internet, en el que se exponían razones biológicas y psicológica para su mal. Ese artículo también describía las sensaciones que la paciente sentía, y su identificación con el mismo la sorprendió tanto que se sintió comprendida, emocionada y esperanzada. Se lo comentó a su familia y esta tomó la iniciativa del contacto. Esta situación me indicaba la falta de resolución de LM, así como que de una u otra manera conseguía recibir ayuda. No es que se tratara de una manejadora o manipuladora, es que en esta situación muchos pacientes se sienten tan inestables y poco seguros en las decisiones como la inestabilidad que experimenta su cuerpo: el síntoma y la actitud al unísono.

Reproduzco el artículo para un mejor entendimiento de por qué LM se sintió identificada con una situación en la que, hasta la lectura del mismo, se consideraba desafortunadamente única e incomprendida.

ARTÍCULO VÉRTIGOS Y MAREOS

Es sorprendente cómo en los últimos años han aumentado las consultas de personas que padecen vértigos y mareos.

En realidad, nadie debería extrañarse si se tiene en cuenta que el incremento de este padecimiento se produce fundamentalmente en las grandes ciudades. Aunque no existen estadísticas ciertas, el crecimiento de las urbes está relacionado con el estrés que se vive en los gigantes de cemento.

Al principio, el paciente se resiste a comentar lo que siente; cuando se atreve a hacerlo recibe la solidaridad de la gente que lo rodea, pero cuando la situación se prolonga en el tiempo, inmediatamente podrá observarse primero el fastidio y luego la incredulidad de quienes en el comienzo lo apoyaban. Como consecuencia, el paciente se retrae y la soledad del problema empieza a formar parte de la patología. Teniendo siempre en cuenta que las emociones son la causa principal del mal (a esto me refiero más extensamente en las siguientes líneas), no solo la soledad en que vive el paciente es una parte del problema; a ello se le suma además la dificultad de dar con un correcto diagnóstico.

Es muy común que, a través del tiempo, el peregrinaje por especialistas y sofisticados estudios sea interminable, especialmente cuando en apariencia todo está muy bien y no hay ninguna patología visible, situación que lleva al paciente a la incredulidad, perdiendo el propio juicio sobre lo que sucede y manifestando que ya no entiende ni a su propio cuerpo.

Es obvio que la ansiedad va en aumento. Precisamente, y si algo caracteriza a todos los pacientes vertiginosos, es su personalidad ansiosa, que por supuesto se remonta a antes de que se produzcan los mareos, pero frente a estos la ansiedad llega a su máxima expresión.

Tratando de unir el concepto biológico y el psicológico, nunca un síntoma traduce de forma tan fiel en una sensación física la situación que se vive emocionalmente como lo hacen el vértigo y los mareos. Por lo general el paciente se encuentra en una etapa de cambio emocional significativo. Por ejemplo, se enfrenta a una boda o un divorcio, la pérdida de trabajo, la llegada de un hijo, el fin de los estudios y el inicio de una carrera profesional; en resumidas cuentas: la inestabilidad de la nueva situación se concreta en una inestabilidad física expresada por su cuerpo a través de los mareos.

Esto sería una explicación muy teórica si no la sustentáramos en el proceso biológico subyacente. La situación descrita de «no perder la cabeza» ante una situación emocional desconocida afecta a los músculos del cuello, que son los responsables de mantener el equilibrio de la cabeza. En esta se encuentran nuestras principales fuentes de comunicación con el medio externo: los ojos y los oídos.

En nuestro organismo, los músculos del cuello son los únicos que se conectan con el sistema regulador del equilibrio de forma doble; todos los demás poseen una conexión simple. En general, el sistema regulador del equilibrio utiliza la información de los músculos del cuerpo para procesarla con el resto de los datos provenientes del oído y la vista, y conformar así la ubicación del cuerpo en el espacio.

Como una suerte de preponderancia biológica, el doble sistema de conexión de los músculos cervicales nos señala la importancia de estos en la regulación del equilibrio. Cuando una persona se halla emocionalmente ansiosa, tiende a contraer los músculos que unen la cabeza con los hombros y tensiona toda la musculatura que va desde la nuca hasta la parte más elevada de los hombros. Esta es una clara actitud de agresividad (igual que la de algunos animales que erizan el pelo del lomo para intimidar de forma agresiva a su posible rival), que por supuesto en el hombre moderno se halla contenida. Este gesto que hacemos los seres humanos de acercar los hombros a la cabeza y tensionar la nuca es un resabio del gesto que usaba el hombre primitivo durante sus actos de caza. Por aquel entonces, la tensión de los hombros y nuca servía para dar un punto de apoyo a su poderosa mandíbula, que estaba mucho más desarrollada que la que poseemos hoy y constituía su principal arma.

Es sabido que la memoria ancestral de la historia filogenética está guardada en la parte más primitiva de nuestro cerebro, conocida como lóbulo límbico. Seguramente, hoy son otros los motivos por los cuales una persona quisiera morder, pero afortunadamente entre los adultos eso ya no se hace y se suprime, aunque por supuesto el resultado es que se concentra mucha más tensión en la zona crítica. En cambio en los niños pequeños, a los cuales no ha llegado aún la educación social, es común ver estos mordiscos que a veces se manifiestan en forma de juego o cuando se enojan.

No hay duda de que el hombre o la mujer de una ciudad moderna que se precie de serlo varias veces en la semana se queja de su tensión cervical, y todos sabemos de la agresividad que se vive en las urbes de alta densidad poblacional. Esta tensión cervical excesiva se transforma en un incesante flujo eléctrico que circula a través de los nervios. En el caso de los músculos cervicales, un doble sistema nervioso lo conecta con el sistema regulador del equilibrio corporal. Este va a obtener tanta información que llega a ser excesiva, y las señales de corrección que va a realizar a posteriori se traducen en sensaciones equivocadas. En este punto es cuando se producen los vértigos y los mareos. La situación se va a ver potenciada por la presión que los músculos cervicales ejercen en el cuello sobre las arterias que van hacia el cerebro, fundamentalmente las arterias vertebrales, que se hallan en la región de la nuca. Estas son responsables del 40% de la irrigación total del cerebro y las que esencialmente irrigan todos los elementos que participan en la regulación del equilibrio. Cuando la irrigación o el flujo sanguíneo se ve disminuido, la sintomatología de vértigos y mareos se acompaña con molestos zumbidos y una disminución de la capacidad auditiva.

Es cierto que a esta sintomatología se le agrega el dolor cervical, que es otro signo que casi siempre aparece en estos cuadros, pero tampoco sería extraño que esté ausente, hecho que no invalida la existencia de mareos. Puede haber tensión cervical sin dolor pero con mareos.

Esta situación de ansiedad-tensión-mareos-ansiedad forma un círculo vicioso que no remite con facilidad. El paciente comienza a convivir con el cuadro soportando esta situación de forma crónica a veces durante años, y su vida comienza a restringirse especialmente en lo social, ya que suelen ocurrir verdaderos ataques de pánico cuando un episodio sucede en público, cosa bastante común. El paciente refiere situaciones en las que creyó que iba a perder el conocimiento o, como dicen sus protagonistas, «sentí que me desmayaba». Los lugares más frecuentes en que se produce esto son los centros comerciales o supermercados; estos espacios poseen excesivos estímulos sensoriales como por ejemplo luces, sonidos y el altísimo tránsito humano en distintas direcciones que produce una verdadera irritación sensorial. Lo primero que siente el enfermo es la impresión de estar desorientado, luego sobreviene aturdimiento con sensación de inestabilidad; la persona comienza a ponerse virtualmente fóbica y produce una descarga de adrenalina que genera transpiración, palpitación, ahogo y aumento de la frecuencia respiratoria, que culmina con una insoportable sensación de claustrofobia. Si no se retira del lugar, sin duda la persona entrará en pánico. Paralelamente, siente primero que su cuerpo se pone muy tenso y luego una sensación de flojedad a la que podría sobrevenir sensación de desmayo, hecho que paradójicamente casi nunca ocurre. Los aeropuertos y cines son otros lugares en los que suelen experimentar incidentes de este tipo. Es importante explicar a quien padece estos síntomas que la tensión de los músculos cervicales a través de los mecanismos de confusión sensorial e hipoflujo sanguíneo transitorio provoca mareos, pero los síntomas similares al desmayo, que se caracterizan por la flojedad y la sensación de ahogo, son provocados de forma secundaria por el temor e inseguridad debidos a la aparición repentina del mareo. En ese momento hay una fuerte descarga de adrenalina, sustancia que es segregada por las glándulas suprarrenales y que produce sudoración, palpitaciones y aumento de la frecuencia respiratoria, preparando al cuerpo para un estado de alerta o gran estrés. Inmediatamente sobreviene una descarga de otra hormona conocida como noradrenalina, que es segregada por la misma glándula pero con el efecto contrario; es vasodilatadora y tiende a disminuir toda la tensión provocada antes, y aquí es donde aparece esa sensación de flojedad o desmayo. El malestar subsiguiente, o sea la sensación de desmayo, confunde el diagnóstico, ya que la persona, atemorizada, hace su consulta médica sobre la base de un desmayo o una bajada de presión arterial que ocurrió varias veces en un período muy corto. Cuando el paciente entra en esta etapa de gran miedo tiende a no salir de casa y prefiere quedarse siempre en la cama, pues la considera un lugar seguro. Si sale a la calle suele hacerlo acompañado, pero a pesar de esto se encuentra temeroso. Esto es mucho más común de lo que uno cree, pero no tan conocido, ya que tanto el paciente como la familia tienden a no divulgar esta penosa situación. La depresión suele acompañar inmediatamente a esta sintomatología, y precisamente a partir de esta comienzan a aflorar los verdaderos y profundos síntomas emocionales que habían generado tanta ansiedad. En este estadio la depresión se hace más intensa y el paciente siente que su cuerpo ya no responde con las energías suficientes. Existe un virtual estado de desconexión entre la intención y el cuerpo; la persona ve que aumenta su preocupación, ya que no puede cumplir con sus demandas laborales y domésticas. La ayuda psicológica es imprescindible para superar este estado.

Desde el enfoque kinesiológico, la solución a nivel musculofascial se basa primero en la disminución de la tensión muscular, luego en la limpieza del tejido fibroso que se produce entre los músculos, y por último en la alineación de los ejes de la columna cervical y de esta con respecto al resto de los segmentos corporales. La técnica de elongación manual selectiva da importantes resultados en las primeras semanas con una considerable disminución de la sintomatología.

Todos sabemos que tenemos un ojo dominante sobre otro; esto significa que un ojo enfoca y el otro se acomoda, pero cuando esto se dificulta se produce una patología conocida como astigmatismo. Concretamente, en cuanto a los problemas en la acomodación visual frente a un punto determinado del campo visual, es común que el paciente vertiginoso sufra de astigmatismo con anterioridad a la aparición de los síntomas. Recordemos que, para acomodar la cabeza en el plano vertical, los músculos cervicales toman como referencia el sentido de la vista: la mirada debe tener un plano horizontal paralelo al suelo, por lo que cualquier alteración en el campo visual, y fundamentalmente en la acomodación, será compensada con ajustes de los músculos del cuello. De ninguna manera se debe esperar de la persona aquejada de vértigos que padezca necesariamente problemas de acomodación visual, pero sí es un dato para tener en cuenta.

Otro elemento que debe considerarse desde el punto de vista biológico es la tensión de los músculos, que se ve aumentada cuando sentimos frío de forma intensa y particularmente con los primeros fríos del año, cuando aún el cuerpo no se ha adaptado a las bajas temperaturas. Si bien estas circunstancias provocan un aumento de la sintomatología, es imposible que produzcan vértigos por sí solas.

Las líneas precedentes tratan de dar una explicación biológica y psicológica, pero nos falta aún acomodar toda esta sintomatología en un contexto social, que fue en realidad con lo que habíamos empezado este capítulo.

Desde un punto de vista cultural, la idea de bajar la cabeza transmite humillación o humildad, mientras que la idea de levantarla comunica dignidad. Todas las religiones proponen bajar la cabeza ante Dios como muestra de humildad y así reconocerlo como un ser superior. Desde que el poder existe entre los hombres, bajar la cabeza ante el que lo ostenta ha sido un signo de dominio y humillación; por el contrario, mantener la cabeza firme y erguida como los soldados en formación es un signo de dignidad. «Esconder la cabeza» o «llevar la frente bien alta» son dos conceptos que han tenido un claro sentido y vigencia desde siempre.

Sin querer, la cultura popular ha dado un trabajo extra a los músculos cervicales y fundamentalmente a los de la nuca. En nuestros días, donde priva el individualismo, un cuello rígido, a pesar de ser causante de dolor, es un símbolo de éxito, y una cabeza caída es expresión de fracaso. Claro que esto no es casualidad; los primeros músculos que aprendemos a mover de forma voluntaria son precisamente los del cuello, y esto ocurre generalmente durante los tres primeros meses de vida. Posteriormente, ya de adultos, los músculos del cuello siguen siendo los responsables de mostrar nuestra voluntad ante la sociedad.

El vértigo y el mareo se definen como sensaciones subjetivas en las que la persona siente que los objetos se mueven, pese a saber perfectamente que esto no ocurre; por lo tanto es un problema de percepción. La percepción es precisamente un paso intermedio entre las sensaciones y el pensamiento, y como hemos visto, son muchos los elementos que pueden influir en este proceso. Siempre desde la subjetividad, pero de forma concreta, existe el malestar, y de la misma forma se debería actuar frente a él.

CARACTERÍSTICAS DE LOS EPISODIOS DE VÉRTIGO

Nivel 1:

Fuerte sensación de inestabilidad de corta duración, apenas unos segundos, originada por alguna emoción fuerte o un cambio brusco de la posición de la cabeza. Se refiere con frases como «sentí que se me movía el suelo» o «sentí que me movían la cabeza».

Nivel 2:

Sensación de inestabilidad más prolongada que dura casi un minuto, seguida de sudoración y palpitaciones por una fuerte descarga de adrenalina (producto del sobresalto y no de la tensión cervical que es el origen del mareo). Suele ocurrir en lugares muy concurridos (centros comerciales, supermercados). Desaparece saliendo de estos lugares y deja una desagradable sensación similar a una bajada de presión.

Nivel 3:

Inestabilidad casi permanente que desaparece solo en la cama, acompañada de estado de aturdimiento y gran temor. El paciente refiere «que camina sobre algodones» o «estoy en la nubes». Percibe el entorno con una extraña sensación de irrealidad que contrasta con que nunca hay pérdida de la conciencia ni de la lógica.

Nivel 4:

El paciente, que se halla en un estado de ansiedad permanente, ya aprendió a vivir con los episodios. La contractura cervical no le parece motivo suficiente para su mal. Este equívoco desorienta el tratamiento y la situación se vuelve crónica. Algunos pacientes conviven con ella durante años con ciertos períodos de calma.

Volviendo al caso en cuestión, cuando LM acudió a la primera visita se hallaba ya en Nivel 4 desde hacía más de cinco años.

En primer lugar, hice una evaluación de todo su cuerpo, pues la experiencia indica que centrarse solo en la parte cervical es el camino más corto al fracaso.

Comencé por la palpación de las vísceras, que ejercen gran influencia sobre el estado anímico y orientan claramente sobre dónde puede estar el origen del conflicto personal que el paciente no se anima a relatar tan fácilmente. Gracias a este proceso, se vence rápidamente la negación y resistencia, al tiempo que el paciente capta sensaciones corporales de manos dispuestas a la ayuda, comprensión y contención.

Como era de esperar su fingida sonrisa desapareció, sus rígidas mejillas comenzaron a temblar, sus ojos se humedecieron. Ese fue el momento preciso para la pregunta simple pero siempre efectiva: ¿y por qué no hablamos de eso que la atormenta? Inmediatamente los ojos húmedos dieron paso a las lágrimas. Tras unos pocos minutos de silencio y con su cuerpo más relajado comencé a manipular el estómago, que siempre nos cuenta qué es eso imposible de digerir de la vida que una persona lleva.

LM comenzó con su relato:

Me casé hace más de 15 años, éramos un matrimonio ideal, muy enamorados, mi marido era brillante en su profesión y yo destacaba en lo mío; disfrutábamos con nuestro trabajo y nuestra situación socioeconómica era de excepción, nos permitía hacer viajes y disfrutar nuestra felicidad.

Un accidente provocado por un hombre que conducía borracho nos arruinó la vida.

Mi marido fue atropellado mientras cruzaba la calle de forma correcta; alguien avanzó con su automóvil impunemente cuando el semáforo estaba en rojo. Mi marido se fracturó el cráneo y permaneció en cuidados intensivos cuatro meses en estado de coma después de una grave intervención de neurocirugía.

Los médicos me anticiparon que si sobrevivía quedaría hemipléjico severo del lado izquierdo y que nadie sabía cuál sería su condición intelectual, pero que no esperara al mismo hombre que conocí antes del accidente.

Él salió del coma con una evidente hemiplejía y el estado mental totalmente deteriorado. Tras dos años de rehabilitación pudo volver a caminar, pero nunca recuperó la movilidad de su brazo izquierdo y el derecho quedó también afectado.

En cuanto a su estado mental, con mucho trabajo interdisciplinario consiguió hablar, entender e interactuar, pero con una edad mental muy infantil, correspondiente a unos seis o siete años, y ciertos retrasos de entendimiento aún.

Viví con mi marido varios años así, lo cuidaba como a un niño discapacitado. Por otra parte seguí trabajando, y mi vida se reducía eso; me sentía muy sola, enojada y prisionera de esa situación siendo joven; la vida era un futuro imposible de llevar.

Entonces le pregunté si había rehecho su vida. «Sí —me respondió—, tengo una pareja hace tiempo, vive en otra ciudad y nos vemos con frecuencia.» Continuó: «También tengo una hija, pero no de él, es de mi marido. Cuando me quedé tan sola me embaracé de él, pues su función sexual no se deterioró. Ahora mi hija y su padre funcionan como hermanos, pero mi hija hace de la mayor, lo cuida dentro de sus posibilidades y juegan.»

Le comenté que su vida era muy distinta de lo habitual. «Sí, es surrealista», me contestó. Yo le respondí que no, que era real pero muy distinta y por cierto muy difícil, pero ahora estaba mejor que años atrás, tenía una hija que le daba sentido a todo. Ella sonrió diciendo: «Por supuesto.» «También tiene una pareja que le ha devuelto su condición de mujer enamorada —añadí—, y recibe afecto de ambos. ¿Qué es eso que la desestabiliza desde hace cinco años, cuando comenzaron los vértigos y mareos?» Ella contestó que quería ingresar a su marido en un centro especializado y rehacer una vida todo lo normal que pudiera ser con su actual pareja y su hija, pero que vivía la eterna indecisión y los años iban pasando.

Le respondí: «Y los mareos son parte de su vida.» Ella me contestó que sí con convicción.

Le dije que yo podía eliminar todas las tensiones de su cuerpo y quitar el vértigo, pero que este solo desaparecería definitivamente si tomaba la decisión y superaba la duda, pues ella era la madre de su insostenible ansiedad.

Trabajamos varios meses en sesiones de dos horas y su cuerpo fue mejorando. Habló mucho, la escuché mucho, reflexionaba cada vez mejor, lloró todo lo que no pudo llorar en tantos años, los vértigos desaparecieron y al poco tiempo su marido fue ingresado en una institución adecuada.

Le di el alta. Durante varios años recibí sus mails con

saludos navideños, después no supe de ella. El trabajo realizado ya era historia, por suerte...

Sin duda este es un caso extremo, no puede ser tomado como un ejemplo de algo que ocurre a diario, pero la situación límite, el casi surrealismo de tanta realidad, sirve para arrojar luz sobre esta problemática. En centenares y centenares de casos que he tratado, en los que un desequilibrio obedece a una situación emocional radicada en una decisión, en un cambio, la mayoría fueron situaciones de menor complejidad y también de mucha menos intensidad, pero las sensaciones de ansiedad, angustia y miedo eran las mismas. Recibir una titulación universitaria, ser madre o padre, cambiar de trabajo, decidir divorciarse y muchas veces aceptarse a uno mismo, ser quien se puede ser, es una duda desequilibrante y muy estresante, llena de ansiedad.

LA HISTORIA DE JEG

Con el relato del siguiente caso quiero plantear una situación mucho menos compleja pero de igual sintomatología, con la misma fisiopatología (la descrita en el artículo), idéntico sufrimiento y diferente complejidad social.

JEG era un paciente de 41 años que llegó a mí después de haber padecido durante tres años el Nivel 4, tras haber pasado por los tres niveles anteriores en un período muy corto.

JEG era una persona de aspecto físico muy fuerte y saludable, propio de un individuo que realizaba deportes manteniéndose en muy buena forma. Su expresión era muy seria con una evidente cara de preocupación. Todo esto lo describo porque en su ambiente laboral (trabajaba para una universidad) JEG era considerado un hombre que de ninguna manera podía estar padeciendo ningún tipo de enfermedad, como mucho la reacción de su entorno era que se trataba de un hombre serio de pocas palabras y muy ensimismado, y con lo único que lo podían relacionar era con algunas quejas esporádicas que hacía de sus problemas cervicales.

Los pacientes que sufren esta alteración nunca cuentan su realidad, porque siempre creen que es algo rarísimo y que probablemente sean los únicos que lo sufren, que nadie creerá su historia, sobre todo cuando ya han visitado a todos los especialistas posibles y ya han recibido el veredicto de persona «sana». Por lo tanto el individuo convive con sus síntomas y amolda su vida a las posibilidades que le brindan la intensidad de estos. En los distintos casos que he atendido, las vidas cotidianas de los pacientes variaban, yendo desde la postración total en cama durante periodos difíciles de creer y ser comprendidos por alguien que no padece esto, hasta una existencia «aparentemente» normal desarrollando actividades laborales, pero por supuesto siempre sufriendo mucho. Entre estos extremos aparecen diferentes situaciones.

JEG formaba parte del grupo de personas cuyo carácter había cambiado radicalmente debido a una gran inestabilidad corporal: de ser un hombre alegre pasó a convertirse en un hombre de aspecto «amargado» de esos a los que la gente prefiere evitar y nunca indagar en su vida privada.

Con su aspecto de «amargado», JEG ya había montado el blindaje suficiente para andar por la vida sin dar explicaciones, pero por dentro le pasaban cosas muy difíciles de sobrellevar. Por ejemplo, se había acostumbrado a poner cara de que comprendía todo lo que le decían, cuando en realidad lo único que pasaba por su cabeza era cómo sostenerse en pie, o si estaba viviendo una realidad o una fantasía. Estas son palabras textuales de él y no una descripción mía, específicamente utilizaba las palabras «esto es tan raro que no me puede estar sucediendo a mí».

Por supuesto, esa misma frase la he oído en centenares de casos, algo que lejos de invalidarla la certifica como un relato clásico e inequívoco.

Solo ejerciendo una tremenda voluntad, JEC había podido sobrellevar esos tres años de episodios permanentes de inestabilidad, sensación de irrealidad y ataques de pánico esporádicos, lo cual dentro del espantoso sufrimiento parecería algo meritorio, al no poder contarlo y solamente poder justificarse de vez en cuando diciendo que sufría de las cervicales. Teniendo en cuenta que eso es algo que muchísima gente padece, cabría esperar que los demás comprendieran su mal humor, pero su entorno laboral y social le pasaban otro tipo de factura.

En lo laboral pasó a ser un trabajador ineficiente, ya que si su única preocupación era sostenerse en pie, lógicamente no podía interactuar con equipo. Su disimulo de hombre hosco lo dejaba ahí, pero lo colocaba en la situación de ser incapaz de resolver los encargos que recibía de sus superiores, no porque realmente no supiese hacerlo, sino porque como he comentado antes nunca se enteraba de lo que le habían pedido, por lo tanto mucho menos se podía esperar que ejecutara la orden. Su carrera laboral se postergaba notablemente, ya que solo alcanzaba a realizar aquellas cosas que por sí mismo podía comprender entre los espacios que le dejaba su principal tarea, sostenerse en pie y sentado sin la desagradable sensación.

En el ámbito familiar, progresivamente se aceptó que su carácter había cambiado y se había transformado en un ser huraño, aislado en el propio seno de su familia. Es importante destacar, a diferencia de otros casos, que JEG era padre de familia y sustento económico de la misma, y a pesar de querer brindarle todo el afecto que por ella sentía, a esas alturas se conformaba con poder mantener el hogar.

En lo que se refiere a sus amistades, como en la casi totalidad de los casos que he atendido, la forma sistemática de negarse a reuniones y salidas hizo que con el tiempo fuese perdiendo el contacto con la gente.

Este caso nos describe claramente cómo la persona solo consigue transformarse en un ser que convive y sobrevive con sus vértigos y mareos, sin siquiera saber qué sucede, y llega a pensar que está perdiendo el juicio, que es él quien crea los síntomas, que todo parece un delirio.

JEG, como muchos otros casos, había llegado a plantearse que era mejor estar muerto que seguir vivo en esas condiciones, pero a día de hoy, en todos mis años de trabajar con pacientes aquejados de vértigos y mareos, jamás he sabido de nadie que se haya suicidado, aunque esa idea le ronde por la mente. En mi opinión creo que eso no ocurre porque nunca pierden el afecto por los seres que les rodean, a pesar de vivir de forma subterránea sin contar lo que les sucede, y por otro lado siempre guardan una luz de esperanza de que algún día esto desaparecerá.

Conocí a JEG a través de una paciente que le comentó que yo me ocupaba de problemas de tipo postural y que, mediante mi terapia manual, a ella le había solucionado un problema diagnosticado de lesión cervical que la había aquejado durante años, del cual pudo salir sin tener que recurrir a la cirugía que le habían prescrito.

Por algún motivo que desconozco, a lo largo de las sesiones JEG me comentó que le había llamado la atención que yo relacionara un diagnóstico tan diferente de lo que él tenía, y algo que no sucedió con la paciente LM, la idea de que alguien trabajase sobre la postura del cuerpo y solucionase sus problemas a través de terapias manuales, escuchando y reflexionando.

Si bien es sabido que esto lo realizan muchos profesionales y con muchas técnicas distintas, para JEG fue una sorpresa, pero luego rápidamente relacionó los cambios posturales con el desequilibrio, y de ahí con sus vértigos y mareos.

Cuando evalué al paciente yo ya contaba con una larga experiencia en el tema. Eso muchas veces supone una gran ventaja, porque uno sabe qué debe buscar en la palpación de las regiones características, pero la sobrevaloración de la experiencia y la propia práctica hacen que la exploración pueda ser demasiado rápida y se puedan saltar características propias y únicas de cada paciente. Por este motivo nunca se debe subestimar lo que el paciente cuenta ni ir a buscar exclusivamente lo que uno ya conoce, por mucho que la experiencia lo haya demostrado. Por el contrario, como fue en el caso de que estamos hablando, hay que esperar encontrarlo todo o los principales síntomas desarrollados en gran medida.

JEG me sorprendió. La evaluación minuciosa de todo su cuerpo y fundamentalmente de la base del cráneo, la columna cervical y desde ahí hasta el sacro, me indicó una gran hipertonía muscular, pero a diferencia de los casos que había visto hasta entonces, no mostraba nada excepcional. Era pura tensión, tenía todos y cada uno de los signos óseos, ligamentosos y miofasciales que provocan las alteraciones posturales típicas de esta patología; pero así como los tenía todos, estos se hallaban en su mínima expresión. La única y gran alteración era una tensión muscular extrema, por lo que la terapia debía basarse en eso: realinear las estructuras miofasciales y los microdesplazamientos craneales, en particular los de la base del cráneo en referencia con las primeras vértebras cervicales.

Con JEG me centré en la disminución de la tensión muscular mediante un trabajo muy minucioso de suave manipulación del cráneo. Ello promovía, a través de las membranas endocraneales, una fortísima relajación de todas las cadenas miofasciales de la nuca. También trabajé los músculos ubicados delante de la garganta, que en su caso estaban además de hipertónicos sumamente desarrollados conforme a su morfología de hombre muy fuerte. Esto produjo en pocas sesiones un cambio radical en la sintomatología al disminuir las tensiones musculares; los excesos de flujo de información distorsionada de los músculos del cuello se normalizaron rápidamente, así como el flujo sanguíneo del encéfalo, tanto en la salida como en las entradas.

Estos hechos justifican plenamente que en pocas sesiones JEG comenzara a notar cambios altamente significativos. Si bien para mi entendimiento este proceso era normal, dado que su patología se basaba en que todos los signos existían en su mínima expresión como producto de una hipertonicidad o excesiva tensión muscular, a él le era muy difícil a pesar de su gran alegría comprender cómo algo que había durado tres años comenzaba a mejorar tan velozmente, y cómo en su día a día cambiaba su vida de manera para él y su entorno de forma sorprendente.

No había ocurrido lo mismo en otros casos, donde si bien las mejorías se habían ido viendo desde el principio, nunca en la primera semana y promediando la segunda el contraste entre la vida que se llevaba y la que se comenzaba a llevar había sido tan acusada como ocurrió con JEG. En LM y en otros, si bien siempre se iba mejorando desde el primer día, la mejoría era sustancial pero no total, y se daba entre el primer mes y medio y los dos meses de trabajo. Comparando este caso con el anterior, es evidente que la complejidad del problema de LM necesitó de más tiempo, mayor uso de recursos de la técnica de trabajo manual, más escucha, más diálogo. Pero en cuanto a los síntomas vertiginosos y sufrimiento, todo era muy similar.

En las semanas posteriores, cuando la mejoría se establecía con gran amplitud y el humor del paciente empezaba a ser totalmente distinto —como él decía «ahora soy el que fui», y utilizaba como mejor referente la opinión de su mujer, quizá la más sorprendida—, e incluso los ataques de pánico y el miedo a la recaída o inestabilidad desaparecieron, JEG empezó a desarrollar otro tipo de miedo, relativo a que el proceso fuera transitorio y a que la situación retrocediera al punto de inicio.

Este es un momento trascendente del tratamiento. A pesar de que siempre explico a los pacientes la fisiopatología de los vértigos y mareos que padecen y que hasta ese momento nunca ha sido explicada por los muchos especialistas por los que han pasado, precisamente porque no hay lesiones auditivas ni neurológicas, y en lo visual —como ya hemos visto— solamente el astigmatismo justifica una parte del problema, y aunque en cada paciente particularizo el diagnóstico global que ya antes expliqué y se lo voy repitiendo todas las veces que son necesarias, este es el momento en que es preciso volver a comenzar con la explicación. En este punto es cuando se agregan los factores psicológicos que llevan al aumento de la tensión muscular, que en el caso de JEG fue determinante como factor disparador del efecto dominó de la fisiopatología ya descrita, y si se pueden cambiar los factores disparadores y se hace un mantenimiento de la estructura postural, nunca se vuelve a la situación ya vivida.

Pero como casi todos los pacientes llegan con muchísimo tiempo de evolución, en general años y años de haber padecido los sufrimientos físicos y sensoriales de este problema, es difícil quitarles de la cabeza las reminiscencias de aquellos tiempos. Por eso es fundamental la empatía que se establece con el paciente y la actitud desde el principio hasta el final del tratamiento, y en particular en esta etapa donde aparece la mejoría substancial, que en el caso de JEG fue precoz. Aquí es cuando conviene exponer la seguridad que significa conocer el origen que nunca se le había mostrado, ya que ahora se cuenta con un arma mucho más fuerte que la descripción patológica: el trabajo sobre la base de lo que se explicó al principio en cuanto a la restauración de todo lo que se había alterado biomecánicamente, lo cual produce unos resultados absolutamente incontestables.

La pregunta que suelo hacerles es: «¿Usted cuando vino a verme tenía diagnóstico?» La respuesta es siempre «no». Yo añado: «Ahora ya lo tiene», y la pregunta siguiente es: «¿Ha entendido cómo se produjo su problema?» La respuesta es «sí». (La explicación de la fisiopatología debe ser siempre adecuada a la formación social y cultural, y al grado de comprensión acorde a la edad de cada persona, por lo que siempre es útil disponer de modelos anatómicos para mostrar cuáles son las zonas corporales que se han visto afectadas. En resumen, la explicación siempre debe ser sencilla.)

Ante este «sí», la nueva pregunta surge de otra aseveración: «Si usted tiene ahora un diagnóstico y sobre ese diagnóstico se hizo un tratamiento, y a partir de ese tratamiento ahora usted me dice que los síntomas están desapareciendo de forma sustancial, la pregunta que realizo es ¿le parece que hay motivos para tener miedo?», y aquí las respuestas son de lo más variadas. En el caso de JEG fue una gran carcajada, pero como ya veremos en otros casos hay llantos de emoción, grandes silencios que otorgan un «no» como respuesta, y hasta grandes enojos que surgen de por qué pasó tanto tiempo sin haber dado con la solución.

JEG continuó el tratamiento hasta la desaparición total de su sintomatología. Su vida recuperó la normalidad, su relación familiar mejoró, y confesó en su trabajo qué era lo que le había ocurrido durante tantos años, porque nadie entendía a la nueva persona que estaban viendo. Los compañeros, a diferencia de su familia, no sabían cómo era antes.

JEG se siguió tratando conmigo muy esporádicamente para algo que él denominaba «de vez en cuando quiero pasar por un servicio de mantenimiento, porque nunca más quiero volver a sufrir lo que viví». Lo cierto es que ese servicio fue cada vez más esporádico, y en mi opinión profesional podría haber distanciado las visitas aún más hasta recibir el alta definitiva, pero él estaba más tranquilo así.

A estas alturas el lector se preguntará dónde está el origen emocional: cierto, no lo mencioné porque su caso requirió pocos meses de tratamiento y él aseguraba: «Tengo un buen trabajo, mis hijos me dan solo los problemas propios de la adolescencia, y con mi esposa estoy bien.»

Siempre supe por lo que su cuerpo me contaba, sobre todo hallándose tan tensos los músculos espinales desde la nuca a la cintura (área de agresividad contenida), que JEG estaba muy enojado. También sabía que el enfado era consigo mismo: cuanta más responsabilidad se otorga al síntoma, mayor es la represión sobre la decisión que se debe tomar.

Al cabo de un año acudió para una visita del supuesto servicio de mantenimiento y por primera vez vino acompañado. Era una mujer, y sin darme tiempo a pronunciar palabra se apresuró a decir: «Le presento a mi novia, me divorcié hace seis meses.» Durante la sesión me contó que con su mejoría y sin los vértigos, tomó la decisión que llevaba años meditando: divorciarse, pues no era feliz en su matrimonio.

LA HISTORIA DE CC

Cuando acababa de instalarme en otro país y aún no tenía mi consulta disponible, solo me dedicaba a dictar conferencias. Fui invitado a un importante programa televisivo de salud con la intención de dar a conocer mi enfoque sobre los problemas que sufre el cuerpo cuando las emociones lo desbordan.

Afortunadamente el programa tuvo una excelente repercusión y me invitaron a participar al día siguiente. Esto conllevó una gran cantidad de consultas telefónicas que tuve que ir contestando en los días siguientes. Entre tantas consultas, alguien se repetía de forma insistente a lo largo de varias semanas: no solo quería exponerme su problema requiriendo mi opinión, sino que insistía de forma sistemática en ser evaluado y, a ser posible, recibir tratamiento. La atención a pacientes no figuraba en mis planes hasta al cabo de unos meses, y me vi en la necesidad de explicarle este impedimento como lo hice a mucha otra gente que había solicitado lo mismo, pero la insistencia de él y de otras personas que parecían encontrarse muy angustiadas y que ya habiendo recibido diagnósticos y tratamientos no encontraron solución, hizo que replanteara la apertura de la consulta y acelerara los trámites burocráticos para tal fin.

La insistencia de CC era distinta, realmente llamativa; durante casi dos meses la frecuencia de sus llamadas fue de dos a tres veces semanales, por lo que cuando acudió a la primera visita sus llamadas habían superado la decena.

Esto me generaba una gran expectativa. Con su voz grave, seria y pausada me había explicado su problema de vértigos y mareos, su largo peregrinaje tras el que solo había obtenido diagnósticos difusos, y algo que para él era aún peor según decía: el diagnóstico de que no tenía nada significativo y que probablemente solo se tratara de un obsesivo por cuestiones psicológicas, algo que le disgustaba por encima de todo.

Yo imaginaba que CC era una persona de aproximadamente cuarenta años; como describía muy bien sus síntomas siempre me concentré en eso y nunca le pregunté exactamente su edad cuando hablamos por teléfono. Quizá fue un error del que me hago responsable, porque este dato me habría dado un cuadro de su situación social en cuanto a responsabilidades. También cometí el error de presuponer que CC se dedicaba a una actividad de tipo empresarial y que se encontraría agobiado por los problemas propios de ese tipo de trabajo intenso y sujeto a mucha presión: prácticamente lo prejuzgué como lo que hoy se denomina un «*yuppie*» dada su actitud de hombre práctico, directo y convencido de obtener resultados.

Estando en el despacho de la consulta se me informó de que CC se encontraba en la sala de espera. Cuando salí a recibirlo, y como en ese lugar suele haber más de una persona, no lo encontré entre ellas y me dirigí a la secretaria para preguntarle dónde se había metido el paciente. Ella me indicó que CC era el joven vestido con pantalón vaquero desgastado, una camisa esport, cara de gran preocupación que escondía el miedo de alguien muy joven y aspecto desamparado. Lejos estaba del *yuppie* todopoderoso que atravesaba una mala época. Todavía sorprendido por el contraste entre la persona que había imaginado y el joven que veía lo invité a pasar a la consulta y tuvimos una larga charla.

Mi error de juicio tenía una base: por un lado su voz parecía la de un hombre de muchos más años que los 24 que me dijo tener, y por otro su madurez se acercaba más a la de un hombre de mediana edad que a la de un joven.

La cantidad de estudios por imágenes de la más alta tecnología que me había traído era asombrosa. En los cuatro años que llevaba padeciendo vértigos y mareos había acudido a múltiples especialistas —neurólogos, traumatólogos, otorrinolaringólogos—, y todos le habían solicitado los mismos estudios aun repitiéndolos con solo semanas de diferencia. Las consultas que había visitado eran las lógicas cuando aparece este tipo de sintomatología. En su relato, siempre muy descriptivo y detallado, me explicó que había pasado por profesionales muy comprensivos y honestos que habían reconocido no encontrar nada que justificase el cuadro, y también por otros que, sin dejar de ser honestos, se habían equivocado en su diagnóstico y lo habían sometido a tratamientos que no dieron resultado, con medicaciones orientadas a aliviar estados depresivos o alteraciones psicológicas. Todo ello sumado a los vértigos y mareos le habían provocado somnolencia y falta de coordinación muscular, lo cual agravó más su situación.

Su última consulta médica lo llevó a un estado de reclusión social: se había alejado de sus amigos, había perdido un noviazgo de más de dos años, había abandonado los estudios, no quería ver más médicos y solo deseaba apoyarse en el afecto de su núcleo familiar más cercano. ¿Qué llevó a CC a ese estado? Una médica. Esta situación que detallo en las próximas líneas no representa el verdadero espíritu de la medicina humanística, sino la triste personalidad vocacional en la tarea de quien la realiza, y refleja que los problemas de la medicina no radican en la medicina misma, sino en quienes la ejecutan: a ellos se les debe atribuir la responsabilidad de sus actos y consecuencias.

Esta persona espetó a CC, que estaba en compañía de su madre, que «se dejara de esas historias falseadas y reconociera su condición de drogadicto».

CC se quedó perplejo y estalló en cólera. Su madre también se enojó, ya que conocía los hábitos de su hijo y sabía que no solo no se drogaba, sino que era físicamente imposible que consiguiera las drogas, ya que pasaba el día en su cuarto y su único vínculo con la sociedad era ella misma, quien lo alimentaba, le brindaba afecto y cuidaba de su higiene personal. Esto no condena, ni mucho menos, a las personas que padecen un problema de adicción, pero semejante grado de confusión le quitó a CC toda posibilidad de creer en alguien, porque si bien la acusación de la adicción en sí misma no lo había ofendido, sí lo había lastimado y mucho que se lo tratara de mentiroso y manipulador.

Cuando comencé a explorar físicamente a CC tumbado en la camilla, detecté un cuello excesivamente rígido, con casi todas las características que describía una suerte de autocollarín musculofascial. Detrás del cuadro gris que se veía en su personalidad de ese momento se observaba que CC era una persona intelectualmente muy desarrollada con un nivel cultural elevado. Todos sus músculos se hallaban sumamente tensos. Los de la garganta mostraban una gran hipertonicidad, de forma que su laringe quedaba comprimida, lo cual me hizo pensar en un gran llanto contenido, un verdadero «nudo en la garganta». Sin embargo, no lo relacioné con una situación de sentimientos muy antiguos sin expresar, sino con la angustia de ese momento producida por la falta de comprensión y solución a un problema que, en su opinión —y no se equivocaba—, tenía una raíz eminentemente biológica. Sus escalenos (músculos laterales del cuello) se encontraban tensos debido a cierto grado de inspiración permanente del tórax superior, muy propio de la ansiedad, al tiempo que en el brazo izquierdo las raíces nerviosas quedaban comprimidas y provocaban adormecimiento en la mano, algo que no le preocupaba ya que ocupaba un lugar muy secundario respecto de su problema original, que eran los vértigos.

En la revisión de los músculos de la nuca, la tensión rayaba en lo increíble. Los músculos de la base de la cabeza estaban sumamente fijos y dolorosos, pero el gran hallazgo se encontró en la palpación del poderoso músculo esplenio (extensor de la nuca), que mantiene la cabeza en posición vertical y es muy fuerte a la hora de echar hacia atrás esta, y se relaciona con los sentimientos de agresividad y miedo como se muestra en la clara actitud de no querer bajar la cabeza en la adversidad.

En una palpación selectiva del lado izquierdo, tras haber logrado desplazar la gruesa capa del músculo trapecio y penetrar con los dedos índice y medio por detrás de este músculo para palpar directamente el esplenio a la altura de las últimas vértebras cervicales, en una maniobra que provocaba ligero dolor, pero que el paciente iba entendiendo me estaba acercando al núcleo del problema y colaboraba de una forma extraordinaria, encontré entre los haces de este músculo un nódulo fibroso del tamaño aproximado de un huevo de codorniz.

Este nódulo fibroso, que tenía un eje longitudinal de aproximadamente el doble de su eje transversal, lo cual le daba una forma ovoide, no se podía ver en los estudios de imágenes realizados, ya que estos no registran este tipo de tejidos. Por otra parte, en la medicina actual no se realizan estudios que muestren o demuestren la presencia de nódulos fibrosos, por lo que la palpación clínica sigue siendo el elemento decisivo para el hallazgo de este tipo de formaciones benignas.

La sensibilidad de los dedos experimentados permite determinar el tipo de contextura del tejido palpado y hacer el diagnóstico diferencial de cualquier neoformación que necesite ser extraída para una biopsia.

El tratamiento consistió, primero, en liberar el cuello del paciente de las tensiones puntuales que existían en cada uno de los músculos trabajando con la técnica específica para esto. Logré desbloquear las tensiones de los músculos de la parte anterior del cuello, se hicieron maniobras de estiramiento de los músculos escalenos y con una manipulación precisa se fueron abriendo y desbloqueando las distintas capas de la parte posterior del cuello. Tras una primera semana de trabajo prácticamente diario en sesiones muy prolongadas, se logró que los músculos del cuello estuvieran en su justa tensión y a su vez alineados y equilibrados, cumpliendo con su correcta función mecánica. En ese punto yo tenía claro cuál era el diagnóstico y CC depositaba sus esperanzas en eso, porque, como él me dijo, había soportado mucho tiempo la sintomatología sin ser diagnosticado, y saber la causa le proporcionaba una motivación especial, sintiéndose dispuesto a trabajar todo el tiempo disponible.

Después de la primera semana comenzaron a aparecer las primeras señales que nos indicaban una disminución de la sensación de vértigo. Esto suscitó felicidad y esperanza en el paciente y también en su entorno familiar, ya que en todas las sesiones venía acompañado por su madre o su hermana.

Yo tenía claro que el rival que debía vencer era ese gran nódulo fibroso que se había formado a través de mucho tiempo, imposible determinar cuánto pero sin duda muchos años. Esa formación de tejido fibroso era, ni más ni menos, que un conjunto de catabolitos ácidos, o por decirlo de un modo más sencillo, «basura metabólica», productos de desecho de la actividad singular de una zona muy comprimida por la tensión innecesaria que se habían adherido al colágeno local circundante de músculos y ligamentos. Al principio todo ello había provocado una drástica reducción del espacio, algo que impedía la correcta eliminación de impurezas, ya que la circulación linfática y venosa correspondiente no podía absorber los desechos a la velocidad necesaria. Por otro lado, la misma compresión no permitía una buena irrigación a través de las arteriolas de forma que el aporte de oxígeno y nutrientes, necesarios para que la zona mantenga su correcta calidad de vida, era insuficiente. Esta situación, que impedía la entrada de los elementos necesarios para el desarrollo del metabolismo zonal e impedía la salida de la basura metabólica, había producido el nódulo. Una vez formado este, su propio volumen se transformaba en otro objeto que bloqueaba e incrementaba el problema de entrada y salida de flujos. Con el tiempo, este círculo vicioso no hizo más que aumentar el tamaño del nódulo.

Esta explicación es aplicable a cualquier lugar del cuerpo donde exista un conjunto de músculos en estado de tensión máxima y en desequilibrio biomecánico.

Siguiendo con el caso de CC, comencé a hacer un trabajo puntual en el que, penetrando con los dedos en los músculos posteriores de la nuca, ejercía una manipulación con el dedo medio montado sobre el índice para alcanzar el nódulo como si mis dedos fueran un cincel, y mediante la presión de estos, provocar una fricción en la periferia de la masa fibrosa a fin de desgastarla.

A veces este trabajo es ligeramente doloroso para el paciente, pero como refieren siempre estos, a pesar del dolor el efecto de liberación que se produce en la zona les indica su efecto benéfico, y parafraseando a CC: «Siga que vamos bien», cosa que yo no dudaba en ningún momento. Por supuesto, yo no quería llegar a niveles de tortura con la maniobra, por lo que siempre acuerdo con el paciente que me indique de palabra o con algún gesto de las manos que detenga la maniobra o alivie la presión, pero si hay algo que nunca piden y con CC esto también ocurrió, es que retire los dedos del lugar. Se observa en la expresión de los pacientes un enojo hacia el lugar del dolor que en definitiva es el tejido fibroso, como si esa parte del cuerpo no les perteneciese y que sin ninguna duda materialmente es el objeto de su padecer. Evidentemente, esa zona no deja de ser parte de su cuerpo y yo se lo comento, pero la respuesta siempre es «rómpalo», «destrúyalo», una incitación a agredir ese punto que muestra un odio contra este.

Sin duda los factores que llevaron a CC a tensionar los músculos tenían que ver con un sentimiento de agresividad y enojo. El nódulo representa simbólicamente el motivo de la producción de ese enojo, y el paciente descarga toda su furia contra él a través de mis dedos. En estas situaciones, los pacientes casi siempre empiezan a contar el sentimiento y la motivación que los ha llevado a esa circunstancia, pero CC se mantenía parco a la hora de hacer comentarios sobre qué lo tuvo y lo tenía tan enojado, claro que muchas veces repitió casi gritando: «¡Y no me creían!, ¡malditos sean!» Pregunté varias veces «¿quiénes?», pero nunca respondió. Pensé en los profesionales que subestimaron el caso, pero esa explicación no acababa de convencerme: la respuesta debía de estar en algo realmente verdadero y valioso en sus sentimientos personales que no le creyeron.

Seguimos trabajando, avanzábamos muy bien en el tratamiento con una clara evolución, ya que semana a semana el nódulo se reducía y, en consecuencia, la sintomatología iba disminuyendo.

Al promediar el mes de trabajo CC comenzó a ser un hombre con una sonrisa en la cara, ya sus esperanzas se transformaban en una realidad y comenzaba a salir de su casa para realizar una vida social, se reunía con amigos y hasta llegaba a salir de noche. Los vértigos y mareos se habían hecho muy esporádicos y, afortunadamente, de baja intensidad. Esto hacía que CC tuviera mucha confianza en sí mismo y sentía que empezaba a controlar los síntomas que percibía.

Durante el segundo mes de trabajo acudió a la consulta con una frecuencia de dos veces por semana. Los resultados seguían avanzando por el mismo camino. En definitiva se trataba de mantener la alineación de los ejes del cuello, un logro que a su vez se había traducido en la realineación de la postura total de CC, algo que él había notado claramente. Se sentía muy contento y orgulloso de eso, había abandonado la actitud de adelantar la cabeza con respecto del tórax y de encorvar los hombros, lo cual causaba un hundimiento del pecho y un encorvamiento de la espalda. Esto daba una expresión deprimida a su persona y, por supuesto, una mala mecánica que lo llevaba no solo a los vértigos y mareos, sino también a un estado de fatiga permanente.

Como ocurre en todos los casos, esta realineación del eje corporal total hacía que CC se sintiera con más energía y con una sensación de autoestima claramente marcada. Comenzó a buscar trabajo y lo encontró rápidamente, aumentó notablemente la cantidad de horas que permanecía fuera de su casa, su cambio de humor y ánimo fueron notorios: ahora sí estábamos frente a un joven dispuesto a disfrutar la vida y quizás aún más, como queriendo recuperar el tiempo perdido.

Al comienzo del tercer mes, en su cuello solo quedaban vestigios de tejido fibroso, que desaparecieron totalmente hacia el final de este periodo de trabajo, que aproveché también para alinear las cadenas musculares desde la cabeza hasta la pelvis para que me garantizasen una economía postural y un confort estable de su cuerpo.

Durante el cuarto mes de trabajo se puede decir que ya habíamos entrado en una fase de mantenimiento. A lo largo de todo ese tiempo, en ningún momento logré obtener de CC cuál había sido el o los motivos que lo habían llevado a ese estado desde el punto de vista emocional. CC se había convertido en una persona feliz y disfrutaba de todo, pero ante la insistencia de mis preguntas y aún explicándole la base emocional de este tipo de patologías no conseguí respuestas. Sí me quedó claro que su enojo era grande por lo mucho que insultó al nódulo y sus gritos de «¡no me creían!» cuando trabajábamos.

Mi resignación a esta sistemática negativa fue tal que me pareció justo respetar su discreción y no insistir sobre el tema. A partir del segundo mes, cuando empezó a sentirse bien y a recuperar su vida social, comenzó a tener conmigo una relación muy fluida donde él tomaba la iniciativa de conversar. Se interesaba mucho por conocer cosas de mi país y compartíamos la pasión por el fútbol, algo que incluso había abandonado en su mala época, pues no solo dejó de practicarlo sino que tampoco lo veía por televisión ni se preocupaba de leer los periódicos. Para él siempre había sido una pasión y ahora la estaba recuperando. Me había pedido autorización para volver a practicar este deporte, cosa a la que accedí sin reparos a pesar de que exige un contacto físico considerable, pero su confianza en sí mismo se lo permitía y hacía gala de sus dotes de buen jugador.

Su vida social ya era absolutamente normal, mantenía una nueva relación sentimental y reanudó otra de sus pasiones, conducir su moto, que se hallaba desde hacía mucho tiempo guardada en el garaje. Para muchos que habían visto cómo había llegado a mi consulta, les parecía increíble verlo entrar con su casco de motorista bajo el brazo. Por último, CC empezó a pensar en recuperar sus estudios de electrónica, que había abandonado cuando comenzó su problema, y también barajaba la idea de independizarse de su hogar paterno, cosa que finalmente logró cuando le di el alta terapéutica al comienzo del quinto mes de trabajo.

CC unificó todo su proyecto mudándose solo a otra ciudad bastante alejada de aquella donde nos conocimos; allí consiguió un empleo y finalizó sus estudios, según me fui enterando.

En el momento de escribir este libro llevo años sin saber nada de él y, como reza el dicho y es aplicable en este caso, si no hay noticias son buenas noticias.

En el ejercicio de mi profesión he trabajado con muchos casos de vértigos y mareos que de una u otra manera presentaban alteraciones anatómicas y fisiológicas similares a las de CC, así como la producción de nódulos fibrosos, pero para mí este en concreto tenía algo especial. Claro que el nódulo de CC era el más voluminoso que había visto en toda mi carrera profesional, pero esto no era lo más significativo. Lo que más me llamaba la atención es que se trataba de un caso en el que, sin lugar a dudas, los sentimientos habían llevado al aumento de las tensiones musculares, y como ya he dicho muchas veces, desencadenaron los vértigos y mareos. Nunca pude enterarme de cuál fue el origen de los sentimientos, pero estoy convencido de varias cosas: CC se desestabilizó por algún hecho puntual que desconozco, ese hecho lo hizo enojar y lo puso agresivo, lo cual condujo al vértigo y el mareo, que son los símbolos físicos de la desestabilización. Cuando CC se recuperó de su padecer se independizó, que es muestra de estabilidad; terminó sus estudios, lo cual de nuevo evidencia estabilidad, y por último buscó una vida estable con su nueva carrera y su nuevo trabajo en otra ciudad lejos del lugar donde se originó el problema.

La reflexión que nos deja este caso comparado con los anteriores es que no hubo un diálogo con palabras entre él y yo, sino que dialogamos con nuestros cuerpos. Mis manos y en especial los dedos fueron mis oídos, mientras que sus gestos y pequeñas frases de enojo u odio frente al dolor físico del tratamiento fueron sus grandes relatos. Estoy convencido de que durante el trabajo manual realizado, CC recordó el origen de su ira maldiciéndola e insultándola primero, para luego entenderse a sí mismo hasta poder resolver la herida sentimental junto a sus síntomas de vértigo.

Sin duda a CC le disgustó que no le creyeran y de alguna forma se burlaran de sus sentimientos, como también se vio obligado a contener su ira y trasformarla en tensión muscular extrema. Antes se había recluido en su hogar familiar en busca de afecto por un hecho grave que lo había herido profundamente hasta conseguir desestabilizarlo, pero no comprendió el hecho ni los síntomas. En este tratamiento sintió que los dedos entendían en su cuerpo sus sentimientos, es más, que le creían, encontrándose así comprendido, escuchado y liberado.

En general la inmensa mayoría necesita expresarse con

palabras y ser obsesivamente detallistas, pero algunos cuentan el dolor de sus sentimientos con las emociones de su cuerpo.

En este caso, mi mejor intervención fue dejar de preguntar y escuchar con mis manos.

10

Caso 2

El dolor de la maldad

Un conocido con el que había realizado años antes una transacción inmobiliaria y a quien llamaremos NB me llamó muy preocupado porque llevaba más de seis meses con un intensísimo dolor de espalda baja diagnosticado como hernia de disco que requería intervención quirúrgica. Acudió a mí porque sabía que yo manejaba una técnica con la que solucionaba este tipo de dolencias evitando la cirugía, y solo faltaban doce días para que pasase por el quirófano.

NB se presentó en mi consulta y me impresionó verlo después de tanto tiempo: deteriorado, muy delgado y con el sufrimiento dibujado en su cara. Me contó que no podía sentarse, que comía de pie, tampoco podía estar mucho tiempo en la cama, por lo tanto su descanso era pobre, ya no había analgésico que le disminuyese el dolor y se encontraba desesperado.

En su TAC (tomografía axial computarizada) no solo se veía una hernia discal, sino tres, pero al revisar de forma manual con una clínica exploratoria toda su columna y particularmente ambas articulaciones sacroilíacas, me quedó claro que estábamos frente a otro caso donde el dolor provenía de la lesión de una de ellas. Esto también se corroboraba con una de las radiografías de pelvis que me había traído, por lo que si trabajaba en la realineación del sacro y lograba engarzar la articulación y limpiar el tejido fibroso que se había formado en el ligamento interarticular, esto llevaría a una desinflamación generalizada de la zona eliminando el dolor principal y su irradiación posterior al muslo (ciática).

Después de haberlo examinado durante más de una hora, aproveché la oportunidad para iniciar ahí mismo la primera sesión de trabajo y también para demostrar a NB que era preciso actuar en la articulación sacroilíaca (se encuentra un poco por fuera de la parte media en la zona glútea correspondiente). Le señalé con un dedo dónde estaban las zonas de sus hernias en su columna vertebral y le demostré que presionando no obtenía ningún dolor u otro síntoma, y que comparando con la compresión de la zona sacroilíaca, sí se encontraba dolor y los síntomas de irradiación a la pierna.

La compresión de mi dedo en la zona sacroilíaca (zona glútea) le dejaba claro que allí no había ningún disco, con lo que me propuse aliviarle su padecimiento con un trabajo específico de media hora para que comprendiese que había un error de diagnóstico y, aunque se operase, eso no iba a eliminar el dolor.

Trabajé con mis manos con una técnica específica de presión, manipulación y uso terapéutico del frío. Como es lógico no logré curar a NB, para eso necesitaba varias sesiones más, pero alivié notablemente sus síntomas de forma transitoria, hasta tal punto que con bastante facilidad se sentó en la camilla y sorprendido me dijo: «No sabe usted cuánto tiempo hacía que no estaba yo en esta posición», a lo que le contesté: «Ahora ya sabe que no debe operarse.»

NB era una persona de carácter muy rígido. Había sido capitán de las Fuerzas Armadas; por su edad yo sabía que había estado en activo durante la dictadura militar que ocurrió en mi país, y tuve que hacer un gran esfuerzo para que no se notara la indignación que me causaba saber que había contribuido a esa triste etapa. En ese momento yo no podía de ninguna manera aseverar que NB hubiese participado de forma directa o indirecta en los lamentables sucesos que caracterizaron esa horrorosa dictadura, por lo que decidí concentrarme en mi tarea profesional y no basarme en prejuicios. Mi obligación era curarlo, nada más, aunque reconozco que quería terminar lo más rápido posible para no tener que volver a verlo.

Se sucedieron varias sesiones terapéuticas en las que NB mejoró eficaz y velozmente. De algún modo me sorprendía, pero por otro no me llamaba la atención, que mi imagen cobrase importancia a ojos de NB: era, ni más ni menos, la clásica subordinación del militar frente a quien él consideraba un superior, obedecía todas mis recomendaciones como si fueran órdenes y su predisposición durante el trabajo era tan disciplinada que me incomodaba.

El objetivo se estaba cumpliendo y NB estaba muy contento, pero mi empatía hacia su persona no mejoraba, así que el diálogo era casi nulo aunque él intentaba congraciarse.

El tipo de técnica que le estaba aplicando intercambiaba maniobras sutiles con algunas que por momentos producían dolor. Corría el año 1997, y si bien la técnica que realizaba era muy reconocida y efectiva, todavía no había solucionado el problema de trabajar esta patología sin generar dolores importantes, cosa que solo conseguí a partir de los cambios efectuados en mi técnica a partir del año

2000. Si esto hubiera ocurrido después de esta fecha, no podría contar lo que ahora voy a describir.

Cada vez que producía dolor, indicaba a NB, como hago a todos mis pacientes, que pusiera el límite, porque no es necesario sufrir indefinidamente. A mis pacientes siempre les digo que no necesito héroes, pero para NB, por su condición de militar, la palabra «héroes» tenía otro significado, por lo que simplemente le pedí que me avisara cuando le doliera mucho.

En este punto apareció su primera desobediencia. No solo no me pedía que me detuviera, sino me indicaba que siguiera mientras hacía muecas de dolor y cerraba los puños. Entonces era yo el que detenía la acción, aplicaba el frío como terapéutica antiinflamatoria y analgesia natural, y luego continuaba.

Me quedó claro que NB disfrutaba con su dolor, y cuando empecé a pensar en ello, comenzó a invadirme la idea del dolor y la tortura, por lo que me esforcé por seguir con mi tarea profesional y no provocarle más dolor del que él necesitaba para curarse. Sin que yo le preguntara nada, cuando NB estaba casi al final de su tratamiento y había recuperado en gran medida la movilidad de su cuerpo, ya descansaba bien, su rostro había vuelto a ser el de aquel hombre soberbio que yo había conocido, empezó a hablar en las sesiones más allá de mis silencios. Un día me preguntó si los años que había pasado trabajando en inteligencia del Ejército haciendo guardia en automóviles (sin identificación) frente a la casa de lo que él llamaba el enemigo —y yo conocía como víctimas— pudieron afectarlo. Yo le respondí que no necesariamente, y me replicó que su arma reglamentaria colocada en la cintura durante tantas horas podía haber sido la causa de su dolencia.

Es cierto que, desde el punto de vista biomecánico, la

posición y el arma podían tener cierta importancia, pero más debió afectarle la ansiedad sostenida durante horas y días para entrar en acción. Ese dato me lo quedé para mí en mi pensamiento terapéutico, pero en lo humano le dije que era poco relevante; no tenía intención de homologar su sacrificio, un sacrificio de su causa brutal.

Cuando NB me dijo esto, me di cuenta de que estaba frente a un posible asesino y torturador que gozó con el dolor ajeno por una causa que solo él y sus colegas creían que era justa. Ya habían pasado muchos años de aquellos hechos, toda la sociedad de mi país rechazaba aquello. Evidentemente NB negaba sus errores y horrores, pero se le habían instalado en el cuerpo y los revivía con mucho dolor, lo sufría en carne propia, justo en el lugar donde apoyaba su arma. A su pregunta de si esto le podría haber provocado una lesión, no solo no le contesté, sino que sumé un fuerte suspiro que le hizo entender mi desagrado.

Ese momento me hallé frente al peor desafío de mi carrera profesional. Tenía mi fuerte pulgar apoyado en el lugar justo para causarle dolor y encima contaba con su aprobación; podía abusar de la situación, usar un poder ilegítimo igual a él. Detuve la maniobra, pensé qué hacía, por un segundo reconozco que me tentó la idea de causarle un gran dolor, pero me di cuenta de que, si lo hacía, iba a ser igual que él.

Terminé la sesión lo más rápido posible y lo esperé para la siguiente, en la que lo recibí con un colega que era discípulo en mi técnica y trabajaba conmigo. Expliqué a NB que a esas alturas su mejoría ya era casi total, cosa que reconoció ampulosamente como un subordinado, y que a partir de ese momento iba a trabajar hasta su alta terapéutica con mi colega.

En su cara se leía como un traspaso de poder, y como

era de esperar obedeció sin objeción alguna. Finalmente NB obtuvo el alta y volvió a su vida normal de agente inmobiliario.

Tiempo más tarde NB se encontró con mi esposa por la calle y se mostró tremendamente agradecido por el trabajo que lo había salvado de la cirugía y su padecimiento. Estoy seguro de que NB nunca entendió conscientemente que su dolor había tenido que ver con el dolor que él había causado; es más, creo que todavía seguirá pensando que sus víctimas eran culpables de su lesión. No hay duda que el trabajo técnico que yo le realicé fue la base de su curación, pero NB demostró hacia mí una subordinación similar a lo que ellos llamaron después «obediencia debida», y con eso lavó su culpa.

Cuando NB entró en mi consulta con el rostro transido de dolor y cansancio, tenía una postura de hombros volcados hacia delante, el abdomen flojo a pesar de ser delgado y sus rodillas y caderas parecían no poder sostenerlo. Esa postura distaba mucho de la que yo había conocido tiempo atrás, cuando era una persona extremadamente erguida con el tórax hinchado y las piernas rígidas, una postura que volvió a adoptar cuando finalizó el tratamiento.

NB estaba cargado de sentimientos duros; los sentimientos blandos como el amor, la piedad y la compasión se encuentran en la parte anterior del cuerpo, por eso el afecto se expresa con abrazos abiertos, con cuerpos que se estrechan cara a cara.

Cuando NB se vio vencido por su dolor, tomó una posición volcada hacia delante tratando de recluirse en un sentimiento de afecto. Quizás eso fue lo que más me sorprendió al verlo: el abdomen ya no estaba tenso, el tórax se veía hundido y los hombros aparecían volcados hacia delante, al tiempo que las rodillas estaban ligeramente flexionadas al igual que sus caderas. Él estaba vencido, pedía afecto a su manera y lo pedía con dolor.

NB había encontrado un lugar donde descansar su dolor en la parte donde volcamos los sentimientos blandos, algo que él no estaba acostumbrado a sentir. En su profesión lo habían adiestrado para ser duro, como ocurre en tantos ejércitos, pero en su caso le enseñaron el abuso de poder, la humillación y el sadismo.

Pese a ello, por lo que acabamos de ver necesitaba afecto, algo que nunca pidió verbalmente pero su cuerpo expresaba. Y afecto fue lo que recibió. Como había aprendido, me delegó el poder; yo le solucioné el problema sin grandes demostraciones de cariño. El afecto era la solución, o desde su punto de vista, ganar la batalla. Pero dada como estaba estructurada su psicología, en cuanto se encontró saludable y recuperó su omnipotencia de hombre duro, siguió reconociendo mi labor como un soldado a su superior que lo dirigió a la victoria, y así se lo expresó verbalmente a mi esposa, pero su cuerpo recuperó su posición intimidatoria, la del miedo disfrazado de agresividad, a su manera pagó algo de su culpa pero no cambió su manera de pensar.

11

Caso 3

El dolor de ser madre

La señora AA se presentó en mi consulta para iniciar un tratamiento sobre una gran escoliosis que tenía desde muy pequeña.

Cuando mi asistente la preparó para la exploración, observé su cuerpo en ropa interior y quedé sorprendido por la deformidad de su espalda, que si bien en grandes escoliosis resulta visible, más aun cuando no ha sido tratada en forma adecuada. Yo había tenido una conversación previa con AA en la cual me había explicado que de pequeña y adolescente había utilizado un corsé, algo que no le había proporcionado gran alivio, pero AA pensaba que por lo menos en su momento había evitado una cirugía cruenta que sin dudas hubiera sido peor. Por la edad que en ese momento tenía, aproximadamente sesenta años, calculé que desde su adolescencia habían pasado más de 40 años. En ese momento las cirugías de ese tipo estaban mucho más en boga que en la actualidad, y sus fracasos fueron frecuentes, pero la espalda que yo veía, si bien en mi opinión personal los corsés no obtienen grandes resultados, la deformidad demostraba que parecía que nunca habían hecho nada útil por ella más allá de las buenas intenciones. Pese a ello, vestida tenía un porte que en absoluto dejaba ver tal deformación.

Examiné a la paciente con las manos recorriendo su columna y observé las radiografías, cuyas mediciones indicaban una desviación superior a 90°. Para los que no son legos en la materia, esta cifra duplica el máximo tolerado por muchos cirujanos, que con 45° operarían sin pensarlo dos veces, y cualquier libro de ortopedia quirúrgica aún en la actualidad lo indica así. Si bien como dije antes no estaba de acuerdo con el uso del corsé, tampoco lo estoy con la cirugía, pero recomiendo siempre que al paciente se le aplique un tratamiento de técnicas manuales ortopédicas que reemplace al corsé o la cirugía.

La cuestión es que AA era un caso absolutamente excepcional, digno de un simposio o para figurar en los libros. Cuando le pregunté desde qué edad tenía esa desviación me contó que desde la adolescencia se había mantenido durante mucho tiempo entre 45° y 50°, pero que hacía unos pocos años había empeorado bruscamente, y no me contó más.

Comencé a trabajar su espalda con mi técnica manual; no me importaba tanto el número de grados que disminuyeran como quitarle los fuertes dolores que la aquejaban y darle elasticidad a todo su cuerpo, fundamentalmente a la columna. Trabajamos dos veces por semana durante más de un mes e íbamos obteniendo unos resultados realmente favorables.

Al mes sus dolores prácticamente eran mínimos y eso le alegraba muchísimo; ya no tomaba apenas ningún tipo de analgésicos y podía dormir toda la noche. En cuanto a la flexibilidad, se podía observar un gran avance que era objetivamente mensurable mediante pruebas funcionales, pero lo que más me importaba a mí era que ella, que se dedicaba profesionalmente a la alta costura, tarea que le exigía adoptar durante muchas horas posiciones forzadas según ella misma describió, estaba encantada por el rendimiento que tenía, sobre todo cuando en un principio, al ver su deformidad, me parecía imposible que pasase tantas horas sentada cosiendo con tanta precisión.

Me seguía intrigando qué hizo que, siendo ya adulta, se disparase su desviación, que previamente ya era muy grave, hasta semejante punto. Esto no es usual, en general si no hay tratamiento pueden aumentar algunos grados, pero el hecho de que casi alcanzaran el doble rompía toda lógica y antecedentes conocidos. ¿Qué músculos habían traccionado tan violentamente y en tan poco tiempo para provocar tantas decenas de grados? Biomecánica y patológicamente hablando, los espinales desempeñan un papel decisivo en la escoliosis, y fue ahí donde centré mi trabajo. Estaban sumamente rígidos, parecían verdaderos cordones fibrosos, y debía ser sumamente preciso y sutil para no provocar dolor en las maniobras, sabiendo que desde el punto de vista emocional, estos músculos se relacionan con la agresividad, el enojo y el miedo. Sabía que la causa tenía que estar allí, pero en una ocasión me contó que si bien ella seguía siendo una destacada profesional de su medio (vestidos de novia), hecho público y sabida por ella, en ese momento estaba saliendo de un quebranto económico que había sufrido hacía unos pocos años y que la había obligado a vender propiedades y despedir mucho personal de sus talleres. Todo ello había sido el resultado del mal manejo administrativo, poco tenía que ver ella en lo que había ocurrido en realidad, parecía haber sido estafada.

Di por supuesto que ese era el motivo de su enojo: algo

estrictamente relacionado con lo material, como ya había visto en muchos empresarios que sufrían no escoliosis, pero sí las lumbalgias o los dolores de cuello que son las constantes frente a estos problemas. Sin embargo, sabiendo que tenía de base una gran escoliosis desde pequeña, forcé mi razonamiento hacia ese lado en cuanto a querer relacionar las emociones con la patología.

Un día trabajé la parte superior del tórax, donde encontraba los músculos pectorales del lado izquierdo tremendamente acortados y adosados entre sí, haciendo una maniobra en la cual coloco la mano por la axila y mis dedos van penetrando por el tórax despegando el pectoral mayor del menor, al tiempo que estiro, alineo y equilibro el primero. Es un proceso que la primera vez suele llevarme casi media hora, porque puede ser doloroso y debe realizarse con mucha suavidad y precisión. En esos casos actúo en colaboración con el paciente, que me va indicando la tolerancia a la maniobra. Realmente AA lo hacía muy bien y el trabajo nos estaba saliendo de maravilla. La alineación del músculo estaba dando como resultado la trasformación de la postura de toda la parte superior de ese lado. Casi al final del trabajo, ella se sintió muy feliz porque notó que la espalda se apoyaba en la camilla, algo que no ocurría desde hacía años cuando ella se acostaba en algún lugar. AA comenzó a llorar emocionada, pero por la expresión de su rostro no parecía una emoción de alegría, sino de una tristeza guardada.

En ese momento le pregunté: «¿Está bien?» De una forma muy afectiva, ella me tomó la mano con la que yo estaba terminando la tarea, por lo que comprendí que no me estaba avisando de que sintiera dolor. Le dije entonces: «Un poquito más y ya lo logramos.» Y muy naturalmente, con una voz muy suave me dijo: «Sí, pero ya nadie me lo va a devolver.» Le pregunté: ¿El tiempo perdido? Me contestó: «No, eso no tiene importancia; me refiero a mi hijo», y comenzó a contármelo.

Al tiempo que yo retiraba las manos de su cuerpo, le tomé la cabeza con ellas para darle una contención afectiva y me preparé para escuchar algo que seguramente sería duro. Hacía aproximadamente siete años, a su hijo menor, que por entonces tenía dieciocho, lo asaltaron en la calle para robarle. Al parecer el joven intentó resistirse y, sin mediar palabra, el asaltante, otro joven que según la descripción de los testigos parecía un adolescente, disparó sin piedad un arma de alto calibre sobre su corazón, matándolo en el acto.

AA me refirió lo sucedido con sumo detalle, como si todo estuviese ocurriendo en ese mismo instante y ella lo estuviera presenciando, a pesar de que no estuvo allí. Luego me contó que durante más de un año estuvo yendo a leer el expediente de la causa casi a diario varias veces al día.

Las zonas que yo había trabajado y desbloqueado correspondían al área donde había impactado la bala en su hijo. Ella sola concluyó y me dijo: «Me ha destrabado la protección y el gesto que debió de hacer mi hijo al morir.» Realmente no había que tener mucha imaginación ni saber de anatomía para llegar a esta conclusión, casi como una acotación profesional le dije: «Seguramente a partir del incidente es cuando su escoliosis aumentó de forma tan horrible.» Me contestó: «Por supuesto, tan horrible como la muerte de mi hijo.» Lloraba de forma bastante contenida y la invité a dejarse llevar por el llanto, pero no lo hizo: siguió llorando con una rigurosa discreción a pesar de la confianza que ya se había establecido entre nosotros.

En las siguientes sesiones solo hablamos del triste hecho mientras trabajaba sobre ella en su cuerpo.

Tras la muerte de su hijo, su marido había caído en el alcoholismo y ella se había volcado obsesivamente con el trabajo, al tiempo que su cuerpo se había vuelto horrorosamente doloroso. Todos los tratamientos que le proponían eran a base de analgésicos y antiinflamatorios, que en un momento dado le produjeron un principio de úlcera, por lo que sufría mucho sus dolores y se resistía a tomar la medicación por el daño que le causaba. Con el tiempo la medicación dejó de surtir efecto, aunque como pasaban tantos años aparecían en el mercado farmacológico nuevas generaciones de analgésicos que amortiguaban por un nuevo espacio el dolor. Así vivió muchos años hasta que entró en un periodo en el que el dolor formaba parte de su vida, al tiempo que la deformación corporal se había establecido en las cifras con las que llegó a verme.

A esta altura llevábamos casi cuatro meses de tratamiento; el alivio era absoluto y la transformación postural notable. Ella tenía revisiones semestrales con un traumatólogo de prestigio internacional al que yo respetaba muchísimo y le pedí que, a la vista de la situación, adelantara su entrevista de control, porque era evidente que nos íbamos a encontrar con una gran sorpresa en su próximo espinograma. Ella también estaba muy entusiasmada con la idea de adelantar esa entrevista, porque apreciaba mucho a este médico y sabía que estos resultados iban a ocurrir y quería saberlos cuanto antes. Los dos sabíamos de la fiabilidad del ortopedista.

Y así ocurrió, los resultados fueron extraordinariamente satisfactorios. Los 90° se habían transformado en 58°, y la corrección de la curva inferior manejaba un cambio similar, pero para mí la verdadera satisfacción no se limitaba a las cifras, sino que obedecía al hecho de haberle quitado el dolor y dado una gran calidad de vida, además de haber asociado el hecho de su hijo como desencadenante del derrumbe de su columna. El médico se puso en contacto conmigo. Nos conocíamos de algunos congresos y nos respetábamos mucho. Convenimos en que había que seguir con el tratamiento durante tiempo indeterminado, ya que los dos veíamos que teníamos mucho por ganar. Las visitas se prolongaron durante más de un año después de esta charla telefónica.

Tras este tratamiento, la postura corporal de AA era altamente satisfactoria. Fueron pocos los grados que disminuyeron en ese tiempo, pero logramos romper la barrera de los 50°. Era lógico que la reducción fuera escasa, y desde el punto de vista ortopédico coincidíamos con el traumatólogo en que eran los más difíciles y los más loables. Cuanto mayor fuera la cifra, sobre todo teniendo en cuenta el problema emocional, era más «fácil» que descendieran, pero esos 9° eran estructurales y muy antiguos. No obstante, insisto, como he dicho antes no se trata de una victoria sobre las cifras: la calidad de vida de la paciente era excelente, sin ningún tipo de dolor y con una envidiable elasticidad para realizar los movimientos. AA participaba en grupos de gimnasia postural que yo dirigía y realizaba algunos ejercicios de niveles avanzados que muchos participantes con una columna casi normal no podían llevar a cabo.

Un día, la que entonces era mi secretaria llegó a la consulta con la cara desencajada y me informó de que AA no iba a venir a la cita. Inmediatamente me comunicó el motivo: su otro hijo, que por entonces tenía 35 años, había sufrido un gravísimo accidente automovilístico en la carretera y había fallecido instantáneamente junto a su acompañante. Mi sorpresa fue absoluta. Pregunté a mi secretaria quién había llamado de parte de AA, porque la imaginé fuera de sí, y para mi asombro me dijo que había sido ella misma y que se lo había comunicado con una frialdad que fue lo que más la había impresionado dentro del trágico acontecimiento. Incluso le expuso que tardaría algunos días en retomar el tratamiento porque tenía muchos trámites que hacer, ya que el accidente había ocurrido a muchos kilómetros de la ciudad y pertenecía a otra jurisdicción, por lo que los trámites serían complicados, pero le remarcó que le guardara los turnos habituales para diez días porque iba a necesitar el tratamiento más que nunca.

Todo sonaba muy coherente y no resultaba extraño dada la personalidad de AA, pero realmente era poco creíble que las circunstancias no la avasallasen, por lo que me mantuve atento pensando que se quebraría emocionalmente y pasaría mucho tiempo sin venir. Perder un hijo es difícil, cuando no imposible de llevar, y en circunstancias trágicas debe ser una carga emocional durísima. Pero que ocurra dos veces en la misma persona a lo largo de su vida, y aún más siendo sus dos únicos hijos, parecía más el argumento de una película de muy mal gusto que la realidad misma.

AA concurrió a su cita puntualmente pasados los diez días anunciados. Reconozco que el día anterior yo no acertaba a inclinar la balanza hacia el lado de si vendría o no, todo era raro e imprevisible.

Cuando la vi, su cara era muy seria, pero en apariencia no estaba transfigurada por el dolor, ni sus ojos aparentaban sorpresa por lo ocurrido. Como es lógico, era muy difícil encontrar las palabras para romper el hielo, por lo que sencillamente opté por darle un beso afectuoso y abrazarla. Sentí que se estremecía y al mismo tiempo trataba de mantenerse firme.

Pasamos casi directamente al trabajo. Revisé primero

la espalda y, si bien habían pasado muy pocos días de la última vez que la había atendido, al palpar las apófisis de la vértebras noté que la columna se había desviado y la tensión de los músculos era muy marcada. Comencé a hacer mi trabajo en función de lo que encontraba proponiéndome ir paso a paso, porque si bien la sesión del día era importante, mi duda se centraba más bien en el futuro: cómo manejaría sus sentimientos y de qué manera respondería su cuerpo a estos, ya que la patología siempre estaba subyacente.

Durante la sesión ella comenzó a hablar del hecho. Me relató brevemente cómo aconteció el accidente y remarcó la muerte instantánea de su hijo en una explicación que denotaba el alivio que sentía al saber que no había sufrido. Después orientó la charla hacia un montón de temas administrativos que, si bien eran molestos, de ningún modo se podían comparar con el inmenso dolor de la pérdida, y casi sobre el final de esa sesión me soltó una frase que nunca olvidaré: «Por mera probabilidad, creía que esto no me podía pasar a mí. Habiendo perdido a JJ, las posibilidades de perder otro hijo creía que eran nulas, pero ya ve, esta vida siempre da sorpresas.» La frase era de una lógica aplastante. No pude responderle nada, pero me asombraba ver cómo había congelado sus sentimientos; lo que no me asombraba era que los músculos espinales y los de la nuca se encontraran así, tan rígidos como si se hubieran congelado.

Trabajé un mes sobre AA y su cuerpo respondió muy bien, pero seguía manteniendo esa actitud fría de no entrega. Sabía que la curvatura de su escoliosis había aumentado, era evidente, pero se mantenía sin dolor y aumentaba su rigidez más allá del accidente. Correspondía una evaluación ortopédica que acusó un aumento de 12°; tanto ella como el traumatólogo y yo teníamos claro de dónde provenía.

Seguimos trabajando y AA comenzó a parecerse a una madre que había perdido un hijo. Un día me comentó que por fin, una noche después de una sesión, había podido llorar la muerte de su segundo hijo; durante muchas horas y a solas. A partir de ahí el trabajo se me hizo mucho más fácil. Si bien en todo ese periodo no hubo dolores, tampoco existieron después, pero comenzó a flexibilizarse notablemente y a recuperar la elasticidad que la había caracterizado en los años de tratamiento. Su cara se avejentó notablemente pero su postura se mantenía en lo habitual. Estaba deprimida y comenzó a abrirse en la charla directa sobre lo ocurrido, de forma que pude acompañar el duelo. Así seguí trabajando con ella durante bastante tiempo. Luego tuve que derivarla a un colega porque yo decidí vivir en otro país; realmente fue bastante duro para los dos tener que cortar el vínculo. Ella se mostró feliz porque sabía que el cambio tenía que ver con cuestiones profesionales satisfactorias para mí y eso la alegraba, y por otro lado el profesional que la iba a tratar era un discípulo mío que conocía perfectamente y sabía que la iba a llevar por el buen camino terapéutico y la contención afectiva.

Este caso muestra una vez más la relación entre los sentimientos, el tono muscular y las patologías que se crean a partir de una hipertonía crónica que se origina a partir de la falta de una buena expresión de los sentimientos.

En el caso de AA, el protagonismo biomecánico se lo llevan los músculos espinales en el desequilibrio que se estableció a ambos lados de la columna. Es bueno recordar que a través de los músculos espinales se desliza el reflejo de la agresividad, y esto es lo que sentía ella sobre todo en la primera muerte, ya que en la segunda más que agresiva, había quedado rígida, no solo en los músculos de la espalda, sino también en el cuello, en una clara alusión a no querer perder la cabeza (volverse loca) ante una situación que puede desbordar en la coherencia de cualquier ser humano. Por supuesto, en el caso de la mecánica de la producción de las desviaciones trabajaban otros músculos aparte de los espinales, sobre todo aquellos que unen por detrás la pelvis con el tórax y las escápulas con la columna, cuyo protagonismo era secundario pero importante y requirieron un trabajo específico en sesiones aisladas. Sin embargo, el eje siempre se mantuvo a lo largo de toda la musculatura espinal desde el sacro hasta el occipital, porque ahí estaba cargado su enojo y mecánicamente reflejaban un cuerpo tironeado por los hechos.

En el caso de su primer hijo, los hechos externos se caracterizaron por una violencia irracional en una situación inesperada que la tomó por sorpresa, pero su odio podía ir dirigido hacia la persona que asesinó a su hijo, y si bien muchas veces ella demostró comprensión hacia el responsable de la muerte, pues afirmaba ser consciente de la edad y las circunstancias sociales que lo habían empujado ello, su cuerpo no decía lo mismo, ya que sus músculos espinales estaban cargados de odio y agresividad. En la segunda muerte la responsabilidad recaía en la imprudencia de su propio hijo, quien había adelantado a un automóvil en un tramo donde estaba prohibido hacerlo y a una velocidad inadecuada con una maniobra temeraria que culminó con su desgracia. Creo que la frialdad inicial de AA era porque no quería enojarse con su hijo ya muerto, pues conocía perfectamente la responsabilidad de los hechos. En este caso su cuerpo se puso rígido fundamentalmente en los espinales, por la agresividad que la situación le causaba, pero también hay que tener en cuenta la rigidez de los músculos de la nuca, porque su inconsciente pensamiento de que iba a pasar a la locura ante los dramáticos hechos le hacían tener la sensación de que iba a «perder la cabeza».

En el primer hecho ella lloró durante el tratamiento al tiempo que me contaba lo que sentía y padecía; en el segundo no lo hizo. Sospecho que cuando lloró en su soledad debió de descargar el enojo que guardaba por la imprudencia de su hijo, pero que su amor por él encubría y no permitía mostrar a quienes la rodeaban.

Dos años después, ya en mi nuevo país de residencia, recibí como paciente a OT, una mujer de edad madura, profesional de la salud, con una deformidad en la columna muy propia de esa especialidad médica. Ya había visto decenas de veces esta situación en otros colegas de su trabajo, aunque lo de OT era mayúsculo, muy por encima del hábito laboral, y se manifestaba en una vértebra deformada en forma de cuña que ocurrió en edad adulta y se atribuyó a un mal metabolismo del calcio y la menopausia.

Diagnóstico lógico, creíble, pero a mi gusto muy insuficiente. Sin embargo, a efectos terapéuticos, poco o nada cambiaba: debía darle movilidad y quitar sus fuertes dolores.

Mantuvimos una buena relación terapéutica y humana, casi amistosa, y con la complicidad natural que se presta cuando atiendo a un colega terapeuta, hablamos mucho de medicina en general.

OT tenía cierta tristeza en su rostro y una evidente mirada y actitud de persona distraída. Trabajé con ella durante años hasta su jubilación profesional y tuvo una excelente recuperación, se eliminó el gran dolor de espalda y se volvió más ágil.

Un día, pocas semanas después de que se iniciara la liberación de sus músculos pectorales, con toda naturalidad comenzó a hablar de la muerte de UI, un hijo que fue apuñalado en el pecho en una pelea callejera. Yo ignoraba este hecho, y en realidad pensaba que solo tenía una hija, de la que siempre me hablaba.

OT también había tomado la postura de protección del pecho violentado, y en ese momento pude cerrar el diagnóstico incompleto de su gran deformidad.

Estos dos casos de madres que perdieron hijos de forma violenta nos muestran cómo tras un suceso tan significativo, tan difícil de superar, las dos guardaban una postura de protección en las heridas mortales de sus hijos. Ninguna era consciente de este hecho concreto en su postura, pero ambas comenzaron sus relatos trágicos cuando comenzó el desentramado protector de su musculatura, y el repunte postural y anímico marcó una inflexión.

12

Caso 4

El dolor lumbar y la voluntad

Tras décadas de ejercicio profesional, me es imposible saber cuántas veces he visto y atendido a personas con lumbalgia, ciáticas o lumbago y otras tantas formas de llamar al dolor de espalda baja como tiene la sociedad. Su frecuencia es enorme, casi un estigma del precio que pagamos por ser los únicos animales capaces de estar erguidos y caminar así.

El dolor de espalda es tan popular que hasta se le ha deformado el nombre: «Me duelen los riñones», se dice. Los riñones están perfectos, pero como el lugar del dolor se acerca de esa zona, es más coloquial decir dolor de riñones que lumbalgia. No importa si el nombre es correcto, científico o vulgar: la gente comprende inmediatamente un padecer casi universal, solo un gesto indicando el lugar sobra para hacerse entender.

Muchas veces oímos decir o se leen artículos que advierten de esta verdadera epidemia social: «Todos tendremos lumbalgia al menos una vez en la vida.» No sé de dónde sale semejante aseveración, y de hecho ojalá solo se padeciera una sola vez en la vida. Pero algo sí es seguro: un porcentaje altamente significativo de personas pasan gran parte de su vida aquejadas de dolor de espalda baja o dolor de cintura sin ver solución; se atiborran de analgésicos o pasan por actos quirúrgicos, y aun así siguen sin obtener resultado.

Las causas mecánicas que conducen a estos problemas son variadas y de cierta complejidad en el entendimiento médico o ámbito de la salud, pero en este libro me gustaría centrarme en el papel de la ansiedad vinculada a la voluntad como factor determinante y siempre presente en esta dolencia.

EU era una persona joven de poco menos de cuarenta años, músico de profesión, que pasaba interminables horas frente al piano. No era el primer pianista profesional que veía ni tampoco el único músico, es más, fueron y son muchos los profesionales de la música con lumbalgia que he atendido.

En principio cabría pensar, con razón, que las posturas obligadas por el uso del instrumento eran las responsables del mal, sobre todo cuando las jornadas de trabajo son interminables. Como anécdota, muchos me comentaron: «Comencé a componer o ensayar por la tarde temprano y vi el amanecer del día siguiente», es común que esto suceda y sería un exceso para cualquiera.

EU pasó muchas de estas maratones sin dar síntomas, además era bastante joven y sobre todo amaba la música. Pero ¿qué sucede cuando él o tantos otros profesionales en igual circunstancia se ven frente a la presión de la entrega de su trabajo o la inminencia de un concierto?

Conocí a EU en un gran momento profesional suyo,

con una demanda de trabajo desbordante. El éxito llamaba a su puerta, era su hora de consagración, pero recuerdo también otro gran pianista que solo podía pensar en su dolor, pianista con igual sintomatología que vivió mucho éxito y recurrió a mí en sus horas más bajas no de calidad profesional, sino de falta de trabajo.

Tenemos iguales síntomas, igual postura, parecido talento y amor por la tarea, pero el éxito de uno traía ansiedad y las horas libres del otro le provocaban lo mismo. Como aquel gran violinista que, en su ocaso, tenía sistemáticas lumbalgias que nunca había padecido en toda su larga carrera, sin embargo el final, el quedarse afuera, le dolía más que cualquier esfuerzo físico de sus tantas e inmensas giras.

Muchas personas que en su vida no tocaron un instrumento y sufrieron dolores lumbares similares de gran intensidad, casi invalidantes, ¿qué tenían en común con los músicos? Los sentimientos que provocan el éxito, el fracaso o el final de una trayectoria laboral.

La capacidad de ordenar y decidir la trayectoria de nuestras vidas se nutre y sostiene con la voluntad. más allá del mundo exterior siempre habrá voluntad, y cuanto más adversa sea la situación más voluntad habrá que poner, inclusive en el éxito. Este no facilita, este obliga a no perder aquello que se ha obtenido. Entonces es preciso ejercer más voluntad, y en el ocaso nadie se deja vencer tan fácilmente tras una larga trayectoria: la voluntad se agiganta, pero con voluntad muchas veces se es vencido. Muchas veces la demanda nos supera y no alcanza la voluntad para revertir el fracaso.

Por otro lado, ¿qué persona no vive enfrentada en su realidad al éxito o fracaso de su vida? ¿Quién puede decir qué vida es más exitosa o fracasada? En todo caso el éxito es llevar una vida parecida a la que nos propusimos, con o sin luces de neón, con o sin popularidad, solo y nada menos la vida que queríamos y la que tenemos.

La fórmula es simple: objetivos propuestos y objetivos alcanzados; en el saldo está el resultado de la ecuación de la felicidad, respetando la siguiente pregunta: ¿quién es quién para juzgar los objetivos del otro?

Los músculos que nos sostienen de pie y erguidos nacen en la zona posterior de la pelvis y son muy fuertes en las vértebras lumbares. Tanto es su gran trabajo biomecánico para mantenernos erguidos como su gran aumento de tensión muscular, ya explicada como tono. La tonicidad excesiva de sostener la voluntad frente a la adversidad no es simbólica, es real: aquel que pone mucha voluntad en el éxito o en evitar el fracaso tensará la zona baja de la espalda no solo para evitar caerse por la acción de la gravedad, sino también para no derrumbarse frente a la presión social ante el éxito o el fracaso personal. El sentimiento de la voluntad reina desde la espalda baja. Y nadie abandona o se deja arrebatar su reino sin sufrir dolor.

Con EU trabajamos mucho sobre toda su musculatura espinal, desde la pelvis hasta el cráneo. Esta musculatura nos dice mucho del estado de agresividad y miedo de una persona, que como ya he mencionado antes son las dos caras de una misma moneda. Las situaciones de la vida siempre nos enfrentan a la decisión de ir a... o irse de... En cualquier mamífero se verá esta reacción, aun el perro más bravo retrocede frente a la amenaza firme de peligro, pero si es acorralado eriza el pelo del lomo y si no tiene más remedio, atacará.

Evidentemente EU no era un perro, pero sí un animal humano en un mundo donde la decisión de buscar un espacio propio a pesar de la adversidad es tan difícil como irse de la adversidad cuando esta te atrapó por no medir las consecuencias. Es precisamente la diferencia entre ambas situaciones la que causa ansiedad, vivir en la decisión permanente.

La espalda de EU era un verdadero libro para leer su historia más reciente. Sus tensiones musculares marcaban ambigüedades y contradicciones, sobre todo su dorso: aquello que estaba tenso por demás en el lado derecho, en el izquierdo se veía entre normal o fláccido. En resumen, por un lado sobraba tonicidad y por el otro directamente faltaba. Desde un punto de vista emocional eso indica indecisión y ansiedad como consecuencia lógica frente a las decisiones que deben tomarse, y desde un punto de vista biomecánico, señala fuertes desajustes estructurales con consecuencias locales y reflejas. Él se quejaba de que tras pocas horas de trabajo frente al piano el dorso le ardía. En el aspecto físico, ya se ha explicado en el párrafo anterior el por qué, y en lo emocional le ardía la duda.

En la parte baja de la espalda, EU mostraba una tonicidad muy simétrica; los dos pilares lumbares parecían de mármol, muy duros, tremendamente hipertónicos; cuánta tensión por no caer, cuánta voluntad por seguir adelante a pesar de sus dudas. ¿Dónde residían las dudas de una persona con tantas propuestas de trabajo? Básicamente donde residen las de todos: elijo esa obra que tiene todas las posibilidades de éxito y está mal pagada pero me dará currículum, o elijo la de poco éxito muy bien pagada y sin trascendencia. Y lo que peor llevaba EU era cómo rechazar esas obras excelentemente remuneradas pero de pésima capacidad para lucir el gran músico que era.

Ya vemos que todo éxito no lleva a la felicidad y es el cuerpo el primero en manifestarlo. Cuando EU acudió a mí, varios profesionales le habían asegurado que su única opción era someterse a una intervención quirúrgica de la parte baja de la espalda. Él no quería pasar ese riego, pues nadie le garantizaba una recuperación plena.

Entendió claramente mi propuesta; le dije: «Si logramos colocar cada elemento de su espalda en el lugar correcto, habrá alivio muy significativo y ciertamente duradero, pero no definitivo, pero si logramos sacar esos sentimientos de culpa que lo asaltan en cada decisión a la que se enfrenta, su mejoría será muy duradera y claramente efectiva.»

Con el trabajo manual directo sobre los músculos de la espalda, que daban como consecuencia final una desviación muy dolorosa del hueso sacro, tuvimos una rápida respuesta y clara mejoría, en particular cuando la idea de la cirugía desapareció por la lógica de los resultados.

Durante el trabajo manual en la espalda salieron muchas cosas de su vida, su relación con sus familiares, que vivían lejos y eran reconocidos en el mundo artístico, pero ninguno era músico. Esa parte la tenía bastante bien resuelta mediante otras terapias estrictamente psicológicas; su dolor siempre se había considerado un problema independiente, en el mejor de los casos potenciado por sus estados de ánimo, pero nunca se trabajó como unicidad, siempre terapia física por allí y terapia psicológica por allá.

EU era un hombre muy culto que había viajado mucho, y sabía que la solución estaba en encontrar algo que uniera sus problemas, pero no lo hallaba.

Cuando recomenzó a practicar deportes estaba exultante, como él decía: «Eso me ayuda también a descargar enfados, sobre todo los más tontos y diarios.»

En algún momento pudimos ir a la gran cuestión: su talento y su gran voluntad, una combinación que en esta sociedad puede ser una máquina arrolladora de triunfo tras triunfo, pero si falla la dosis justa, ese delicado equilibrio donde el animal humano gobierna con voluntad al ser humano dueño del ingenio sencillamente se rompe, y eso ya había sucedido con EU.

Otra vez EU tenía un cuerpo disponible al cien por cien, y eso le permitía hacer largos vuelos en avión y cumplir en otros mercados laborales, algo muy postergado en los últimos años. EU voló y voló y tuvo reconocimiento y desarrollo profesional, y el éxito alcanzado en otros países potenció su auge local. Pasaron varios años sin dolor, mucho trabajo, muchos vuelos.

De vez en cuando lo atendía, le daba «una puesta a punto» y él seguía, hasta que comenzó a desdoblarse profesional y humanamente en dos lugares separados por miles de kilómetros. Pudo sobrellevar la situación durante varios años hasta que el animal humano se apoderó del ser humano y lo volvió a romper. Como es lógico, si el cuerpo te va a traicionar sabe bien cómo hacerlo: se rompió lejos, en el país con menos arraigo sentimental en todos los sentidos posibles, pero el de la gran proyección profesional a su carrera.

EU preparaba un viaje de una semana al país donde se había establecido en primer lugar, donde debía grabar una composición suya para una producción local de gran futuro con una excelente y reconocida orquesta de más de doscientos cincuenta músicos. La grabación debía realizarse a contrarreloj, todo eran prisas, compromiso y, por supuesto, ansiedad. Mientras ultimaba detalles de su viaje, también dejaba preparada para su regreso una presentación para otra gran producción internacional en su otro país de residencia: más presión, más ansiedad. EU daba por sentado que todo estaba controlado; casi no dormía para componer las dos obras y cumplir con las reuniones locales, y vía internet se mantenía comunicado de forma permanente con el otro lado del mundo con una diferencia horaria de nueve horas. EU ya había hecho esto otras veces, para él todo estaba bien, el cansancio y a veces agotamiento eran otra vez parte de su paisaje de vida.

Un día, antes de coger el vuelo, su espalda avisó con dolor, mucho dolor, como hacía años, como al principio. EU temió, se dio cuenta del exceso, no era tonto, sabía que se había extralimitado, que se había olvidado de él, que había permitido que lo arrastrara la vorágine. Era tarde, el dolor avanzaba hasta el extremo que le costaba estar de pie o caminar. Mucha gente dependía de su viaje, los más cuerdos le pedían que lo suspendiera, pero él ocultó cuanto pudo su problema y decidió viajar de todas formas.

Ya en el aeropuerto pidió una silla de ruedas. Su dolor era inmenso, su ánimo era el de alguien consciente de que se ha hecho daño a sí mismo, un daño que podría haberse evitado. El viaje de doce horas fue muy duro, ni siquiera se levantó para ir al servicio.

De vez en cuando nos escribíamos o hablábamos por teléfono. A esas alturas habíamos desarrollado una gran amistad, habían pasado muchos años desde el día que lo conocí como paciente, pero EU no me avisó de esta situación antes de embarcar. Cuando faltaba poco para que el avión llegara, su secretaria me avisó. Me enfadé; le había advertido que estaba volviendo a actuar como al principio y que esto iba a ocurrir.

Comencé a atenderlo a pocas horas de su llegada y trabajé sobre su cuerpo durante varias horas. No dejaba de hablarle, y el diálogo fue como sigue:

—¿Por qué llegas a esto? Te gusta jugar con los límites, pero sabes que te voy a sacar de esta situación.

—Por eso viajé.

—Sabes que mis manos lo resuelven en dos días y que vas a estar de pie dirigiendo.

—Lo sé.

—Pero también has venido para saber por qué te has hecho esto.

Respondió que sí.

—¿Qué pensabas en el avión? —le pregunté.

—Creo que nada, solo quería llegar, me imaginé que te enfadarías, pero si me quedaba allí, habrían acabado operándome o habría tenido que pasar muchos dolores y tratamientos convencionales.

—Algo se te cruzó por la cabeza, el viaje fue muy largo y con el dolor peor.

—Pensé: ¿para qué?

—Mira, «¿para qué?» no es una pregunta a tu dolor, «¿para qué?» no es una pregunta a tu trabajo, «¿para qué?» es una pregunta a ti y te la respondo ahora: es para saber cómo sigue tu vida en dos lugares, si no resuelves esta situación volverás a caer.

Hicimos muchas horas de trabajo manual sobre su cuerpo, qué duda cabe que si no recomponía la estructura biológica alterada, no lograría ponerlo de pie para que pudiera llevar a cabo su trabajo sin dolor.

Los dos confiábamos plenamente en que se lograría, y dado que su problema no se arreglaba hablando solamente, él se entregó en cuerpo y alma al tratamiento, yo puse todo lo mejor de mí, y finalmente lo conseguimos.

En definitiva, se trataba de un problema postural mecánico. Yo conocía bien su cuerpo y la solución, así que no hicimos ningún milagro, solo se trató de trabajo y conocimiento sin más. Pero responder el «¿para qué?» era una tarea para dominar al animal humano y al ser humano sin límites lleno de ansiedad.

Juntos concluimos que lo ocurrido había sido un grito desesperado hacia sí mismo. Debía elegir vivir en el lugar donde tenía los sentimientos más cercanos, mientras pasaba temporadas en el otro sitio para sacar partido del trabajo.

Comenzó a viajar más seguido al lugar de los afectos, el mejor para desarrollar su mejor música. Recuperó el equilibrio perdido entre su éxito y sus afectos. Una vez más el cuerpo habló primero y se calló solamente después de ser reparado y entendido emocional y mecánicamente...

Mientras yo lo atendía, pensaba en la legendaria y mítica canción de Billy Joel *El hombre del piano*, en particular la estrofa «Toca otra vez viejo perdedor...». Pensaba cuántas veces se pierde ganando y cuántas se gana perdiendo, aunque sea algo...

13

Caso 5

El doliente estoico

Era uno de los hombres más famosos del mundo.

Desde hacía muchos años, el fútbol mundial le daba su reconocimiento. Temporada tras temporada se decía que podía ser el mejor del mundo, que ya había hecho suficiente para entrar en la historia de este deporte.

Le tocó en suerte que al mismo tiempo otro jugador atravesara un momento igual, pero este era comparado sistemáticamente con los mejores jugadores de todos los tiempos. Realmente, para los amantes del fútbol era un privilegio presenciar semejante disputa de talento.

Como no podía ser de otra manera, ambos jugaban en la mejor liga del momento junto a otros grandes talentos, pero este era un duelo aparte, igual que lo era el duelo de sus equipos.

Cuando estos clubes se enfrentaban, ya no paralizaban un país como tantos derbis; estos partidos eran globales, con audiencias de más de quinientos millones de telespectadores en todos los continentes, un hecho sin precedentes en más de cien años de fútbol profesional.

Un día me tocó dictar un seminario de mi especialidad en el país donde nació EC, con un excelente grupo de colegas en una prestigiosa universidad. También acudieron a la jornada varios profesionales de renombre, para saludar y dar su apoyo. Fue allí donde conocí a un gran traumatólogo con el que tuve un bello momento de intercambio de saludos y algunos comentarios profesionales. Para mi agrado, se quedó observando mi exposición de maniobras para lesiones de hombro. Más tarde se retiró, no sin antes decirme que le gustaría que viese a EC. No sabía que este tuviese alguna lesión significativa que requiriese mi intervención, además de la atención del prestigioso equipo médico de su club, pero inmediatamente después de mi regreso se desató un gran revuelo para que lo viera y atendiera.

El representante de EC me solicitó una reunión. Todo el mundo sabía que justo en el último derbi, librado contra el equipo rival histórico y su jugador rival en la historia presente, EC intentó una acrobática jugada que le causó una caída y, como consecuencia de esta, una lesión al hombro. EC continuó el partido hasta el final con gestos de dolor, pero lo terminó, y ello ante la mirada desconcertada del otro jugador D, quien no le preguntó pero lo miraba con cierta preocupación.

El parte médico posterior restó toda posibilidad de lesión seria y zanjó el asunto.

EC viajó a su país a jugar dos partidos para las eliminatorias del por entonces inminente mundial. En el segundo partido era duda por su lesión de hombro, pero según los partes oficiales eso eran habladurías de la prensa y de todas formas acabó jugando. Y lo hizo mal, lo suficiente para ser muy criticado en su país. Nadie daba crédito a su dolor de hombro, aunque la televisión había registrado varias veces a EC sujetándose el hombro con expresión de molestia. Aun así terminó ese partido.

Mientras tanto, yo estaba preparado para verlo a su regreso.

Así fue: cuando lo vi tenía una lesión propia de un esguince importante de hombro de más de dos semanas, fecha que coincidía con el derbi, y que no había sido tratada más que con analgésicos y unas bandas elásticas adherentes, muy en boga.

La situación no era fácil, había que resolver la lesión en tiempo récord, en dos días jugaba un partido de liga y en cinco uno muy importante de la Champions League. No contaba con su equipo médico: tendría que trabajar en solitario, algo que era más cómodo para él y también para mí. Pero sí contaba con un factor único: el deseo profundo del paciente por curarse en tiempo récord. Él era eso, un hombre de récords, y esto no podía ser una excepción.

Yo tenía experiencia en situaciones similares con otros deportistas de elite y sabía bien qué tenía que hacer, en particular lo que no se había hecho con él. Realizamos sesiones de terapia manual de más de dos horas consecutivas durante dos días.

En mi opinión estaba muchísimo mejor, y sobre todo también en la suya, que coincidía con su relato de los entrenamientos que realizó en esos dos días. EC nunca dejaba de entrenar, con o sin dolor. Era más que curiosa su relación con el dolor: reconocía sentirlo, pero hablaba de él en términos de restarle cualquier importancia. Mi experiencia me decía que otros deportistas habrían estado mucho más preocupados, y las personas no deportistas con una lesión semejante sencillamente estarían asustadas, y con razón.

Jugó el primer partido y marcó el gol de la victoria. Su

recuperación comenzaba a ser un éxito, era sorprendente la reacción de su cuerpo en el tiempo empleado, pero lo que más contaba era su actitud frente al dolor. Yo había trabajado con mi método y sabía que en muchas maniobras otros me hubieran pedido un descanso, no tanto por dolor como por agotamiento, pues eran sesiones prolongadas sin ninguna interrupción.

Volvimos al trabajo para rematar la situación antes del duro partido de la Champions. Tras dos largas sesiones llegamos al cien por cien, y jugó en el nivel superlativo de siempre marcando un gol.

Por supuesto, se trata de un caso excepcional que reunía una gran tolerancia al dolor, el convencimiento y deseo de recuperación, más una condición física excepcional. Pero no por ello dejaba de ser una persona doliente: se lesionó frente a su gran competidor, se lesionó por arriesgarse en una jugada acrobática. Nadie lo había tocado, se lesionó solo, aguantó el dolor estoicamente, sufrió para adentro, lo criticaron pero calló, lo vi muy amargado y preocupado por salir de esa situación y no rezagarse en su pelea íntima por ser el mejor; muchos sentimientos de por medio, mucha ira contenida.

Cuando hay ira o enojo, realizo un trabajo intrabucal muy puntual sobre músculos masticadores muy profundos. A muchos pacientes les resulta raro y muestran cierta aprensión, no es doloroso pero es invasivo, por eso debo explicarlo a cada paciente de forma distinta. Con EC ni lo mencioné, no era necesario, estaba entregado y confiaba, no necesitábamos más ni el ni yo.

Mientras trabajábamos hablábamos, y me contó que a los once años se fue a vivir al internado de un importante club de su país, lejos de su familia, y que todas las noches hasta que cumplió los trece se dormía llorando. Siendo muy joven se fue a otra liga, una de las más importantes del mundo, donde se hablaba un idioma diferente al suyo. Tuvo que pasar de niño a hombre en menos tiempo que una pubertad y de hombre a leyenda sin respiro.

En la intimidad de la consulta era un joven tímido, mientras que en el mundo lo conocían tanto por su talento como por sus modales soberbios. De hecho, muchos lo idolatraban por ello más que por su talento futbolístico. Un gladiador del siglo XXI siempre temeroso de que le bajaran el pulgar del reconocimiento, siempre amargado porque sus logros para él eran insuficientes.

Todo su entorno le decía que era el mejor, y creo que no le mentían, era el mejor de los humanos físicamente hablando, pero el otro jugador era un fenómeno psicomotriz digno de estudio. EC era un superatleta también digno de estudio. Pocas veces había visto a alguien igual, con una capacidad tan grande para recuperarse de una lesión similar. Su sentimiento de ira se había capitalizado en fortaleza física, pero yo sabía que esa coraza física y de fama escondía un niño que se dormía llorando pensando en su madre.

Una vez más, el germen de un sentimiento era la raíz de un dolor soportado estoicamente, pero sufriendo para adentro. Su máscara era la imagen de prepotente incapaz de dar lástima.

Una vez le pregunté: «¿Por qué tanto secreto de esta lesión si sabías que yo iba a resolverla?» Me respondió: «Es que la gente habla mucho y eso me molesta.»

Seguramente le dolían más las palabras que los golpes.

14

Caso 6

Este problema es un dolor de cabeza, o cuando la metáfora se hace cuerpo

Cuando un problema cotidiano es difícil de resolver, se suele decir que «es un dolor de cabeza». Es un dicho popular y toda una metáfora, pero cuando la cuestión se traduce en cefaleas, migrañas, jaquecas, hemicraneal, dolor en racimo y tantos otros términos diagnósticos como se suele clasificar hoy en día en una medicina muy tecnificada, ya no se trata de una metáfora ni un dicho popular, es motivo de muchos estudios médicos, excesiva farmacología, indagar en una herencia genética familiar pero no en la cultural. En este último punto hay mucho para decir: si el paciente revela que a su madre le dolía la cabeza y a su abuela también, se le atribuye sin miramientos una herencia predisponente de tipo genético sin ningún estudio que demuestre semejante aseveración. No es frecuente preguntar si la madre y la abuela reaccionaban con cefaleas a determinados problemas mientras que otros distintos no les causaban ese malestar.

En la cultura del dolor, sea cual fuere el dolor, no es extraño responder con iguales síntomas a iguales problemas. Lo malo es esconder el dolor con analgésicos, antidepresivos, ansiolíticos y mucha química. Pero poco se habla de la vida que causó a la persona su dolor de cabeza crónico, en todo caso se razona pero a la inversa: es el jaquecoso el que se deprime por su padecer, es la cefalea la causante de la ansiedad.

Para ser justos y médicamente serios, una vez descartados los grandes factores de riesgo que producen cefaleas como síntoma de aviso de una patología realmente grave o muy seria como hipertensión, tumores, encefalitis, cuando toda gravedad se descartó científicamente y el dolor de cabeza es crónico e invalidante sin que se conozca con certeza su origen, no es necesario poner rótulos de moda, sino involucrarse en la persona con su historia y en su cuerpo. Veamos los siguientes casos.

SV me conoció a través de un paciente que años antes había acudido a mi consulta por un problema lumbar. Este paciente, que era un familiar, me dijo que era imprescindible que yo visitara a SV, un hombre de unos cincuenta años con constantes jaquecas, como le gustaba llamarlas. Los dolores databan de muchos años, y como tantos otros aprendió a convivir con ellos, pero lo que más le preocupaba eran las crisis agudas.

Esto ya lo había oído a lo largo de los años a otros muchos pacientes afectados por dolor de cabeza, y sintéticamente significa: «La cabeza me duele siempre, convivo con ello, de hecho si me detengo a sentirla me doy cuenta de que el dolor está, si no hasta me olvido de su existencia, aun doliendo me duermo con él y me despierto con él, siempre está. Pero hay días que es insoportable, no me deja vivir, tengo que encerrarme en una habitación a oscuras y en silencio, no importa ya la medicación, nada lo detiene.»

En el caso de SV, en la oscuridad y el silencio pensaba qué había hecho para merecer esto y maldecía, y terminaba por dormirse unos minutos (entre veinticinco y cuarenta). Se despertaba con una leve mejoría, sentía dolor pero este le permitía vivir más o menos como siempre, volviendo a sus tareas. Como es de esperar se dormía donde podía: un sofá de oficina, el suelo o, si tenía suerte, en su cama, todo dependía de dónde le ocurriera.

Había probado todos los remedios posibles, fármacos, terapias manuales, acupuntura y muchas otras. A mi pregunta de si la psicología le había dado resultado, tuve como respuesta un «¿para qué?, ¿por qué?», con un tono de voz rayando en lo ofuscado.

SV tenía una larga carrera profesional llena de reconocimientos, era muy renombrado en su ambiente y algunas veces era público su hacer, ya que incidía en la vida ciudadana en general.

En el momento de comenzar el tratamiento, más de dos mil personas estaban a cargo de SV en su trabajo, sus decisiones eran múltiples todos los días y a esto se le sumaban imprevistos, además de tener que rendir cuentas a sus jefes. Teniendo en cuenta todo ello, no es difícil entender que era un ser sometido a altas presiones que le llegaban desde arriba y desde abajo; metafóricamente, su trabajo era un quebradero de cabeza, pero él lo hizo carne. Sus jornadas laborales eran siempre duras y a veces durísimas o imposibles.

Su actitud era serena con un aspecto tan cordial como simpático, transmitía mucha seguridad e imponía respeto por sola presencia. Vestía muy elegante, diría que cuidadosamente elegante; su cuerpo y su postura transmitían una fuerza imponente, todo ello proporcional a su increíble tensión muscular. Su cuello grueso y rígido me parecía un pedestal para su cabeza, y esta funcionaba como una productora de decisiones e ideas. Tal como refería su trabajo y vida, era difícil separar el uno de la otra o vislumbrar un límite entre ambos.

Sus hombros eran muy anchos y tensos, no era difícil imaginar a todo el mundo sobre ellos. Su actitud postural se reflejaba tal cual era él: forzadamente recto, un cuello como un pedestal, una espalda para cargarlo todo y aún más, y su gesto en su sonriente cara parecía decir «a mí no me sucede nada».

Sin embargo no era así, su dolor de cabeza era su tormento, y para eso acudía a mí.

En la primera sesión, sin pensarlo dos veces, trabajé con toda la batería de maniobras que creía correctas, por más que eso pudiese sorprenderlo y le hiciera perder el control de la situación, algo que yo sabía que no le gustaría. A pesar de ello colaboró sin problemas. Yo sabía que mi trabajo estaba siendo sometido a examen: SV me dejó claro que había perdido la cuenta de cuántos tratamientos había seguido en vano, como dejando claro «eres uno más» o «con mi dolor nadie puede», no sé qué mensaje era más intimidante. Tampoco me importó si caía en la trampa de su actitud omnipotente, yo ya habría fracasado antes de poner un solo dedo en su cuerpo.

Los músculos de la boca acumulaban mucha ira y enojo, sentimientos que sin duda tenía guardados para dar esa presencia de serenidad y de hombre inmutable, pero dibujaban un rostro duro que irradiaba respeto y cierto temor. Desarmar ese gesto y descargar su furia era desarmarlo desde mi estrategia de dejar aflorar al hombre con emociones y sensibilidad que se escondía detrás del todopoderoso.

Fiel a su actitud, si bien reconoció no saber que era posible trabajar en el interior de la boca, no mostró sorpresa y se dejó llevar por las maniobras. Sus músculos masticadores estaban realmente rígidos, tensos y claramente hipertróficos (muy desarrollados). ¡Cuánto enojo y furia!, pensé. A medida que mi trabajo fue relajando sus poderosos masticadores, SV lagrimeó sin ser consciente de ello, luego todo su cuerpo fue perdiendo tensión, su gran tórax pareció desinflarse y comenzó a respirar con el diafragma de manera tan fisiológica como plácida. SV parecía estar durmiéndose. Seguí un poco más allá sin retirarme de su boca, trabajé en la profundidad de los lugares más recónditos y casi inaccesibles, por detrás del hueso malar (pómulo), donde se insertan unos músculos que no solo sirven para morder, sino también para triturar el alimento. Esa es la sede de la ira y el enojo, y por supuesto es doloroso: por más habilidad y pericia con que se realice, utilizando la yema del dedo índice, la maniobra siempre duele. SV salió de su inicial sueño con un fuerte «¡Dios! ¡Dios!». Le pregunté si seguía y él con mucha energía pero sin gritar me dijo: «Haga su trabajo, usted es el que sabe...» Su lagrimeo era ostensible; no lloraba, era el resultado de cierta presión lógica en el lagrimal y también había emoción. Continué hasta que volvió a relejarse y esta vez cayó en un sueño profundo.

Luego maniobré relajando su tenso cuello que para entonces ya no parecía un pedestal, solo un cuello tenso.

Ya había pasado más de una hora y media de trabajo y comencé a hablar con él: «¿Cómo se siente? ¿Le duele la cabeza?» Primero no me respondió, luego con un gesto aprobatorio me insinuó que se sentía mejor... Elevó el pulgar, esa fue su manera de expresarse. Yo sabía que él no quería hablar. Es bastante frecuente llorar cuando se vive una experiencia así, muchos lo hacen y cuentan sus problemas.

SV no se lo permitía, pero su silencio decía más que cualquier frase.

Trabajé varios meses con él, desplegué todo mi trabajo con el objetivo de transformar su cuello en algo parecido precisamente a un cuello, no un pedestal para el pensamiento y la ansiedad disimulada.

Para mi sorpresa cuando todo terminó y le di el alta, al decirle que ya no padecería dolores de cabeza me respondió: «¿Dolores de cabeza? Pero si yo vine por dolores cervicales. Nunca me duele la cabeza, usted me ha curado el cuello y le estoy muy agradecido.»

Con este paciente trabajé sin ningún diálogo, nunca me habló de sus sentimientos, solamente hubo diálogo entre su cuerpo y mis manos. Yo leía su enojo y su ira en sus músculos, estoy seguro de que él lo sabía, fuimos cómplices del silencio y del engaño de negar infantilmente su dolor de cabeza con su piadosa mentira de trasformarlo todo a un mero tema cervical. «¡Cierto, las cervicales!», le dije, y se fue feliz como un niño pícaro. El hombre todopoderoso dejó salir en esa picardía lo poco que se permitía sentirse y emocionarse.

FO era una mujer amable. Trabajaba en pedagogía especial y su labor no era fácil: sus alumnos mostraban cierta complejidad por dificultades de adaptación social, pero si bien los niños y niñas eran difíciles, los padres lo eran mucho más aún.

Aunque amaba su profesión, era consciente de la dificultad de su tarea y estaba convencida que ello le había producido sus interminables jaquecas en los últimos siete años. En principio parecía una suposición razonable, pero a sus compañeros de trabajo no les ocurría lo mismo, claro está que tal vez la ansiedad les pasaba factura de otra forma. A FO, que no tenía aspecto ansioso fuera de su trabajo, la vida parecía sonreírle: familia perfecta, excelente marido que siempre la acompañaba a las visitas, dos hijos ya mayores con las carreras bien encaminadas de los que se sentía orgullosa, y hasta sentía pasión por la jardinería en su casa.

Ella también se había sometido a todos los estudios médicos habidos y por haber, había consultado con múltiples especialistas y había realizado numerosos tratamientos cuyos resultados habían ido desde el estrepitoso fracaso a un éxito moderado pero nunca definitivo.

Se la veía muy dispuesta a hablar y a buscar algo que no sabía de sí misma; entendía que algo emocional podría haber, y de hecho había buscado ayuda psicológica sin mucha suerte, pues se quejaba de haber recibido una orientación en conductas positivas que no le ayudaron mucho y no indagaron en su interior.

Ante tanta apertura todo parecía más fácil, sin duda posturalmente justificaba sus síntomas: cuello rígido, mandíbulas tensas y vísceras infladas de gases, más un poco de estreñimiento.

¿Por qué a esta gentil y amable señora de vida provechosa y feliz le dolía tanto la cabeza? No podía salir a la calle sin gafas de sol, tanto en verano como invierno, porque no soportaba la luz intensa ni siquiera en interiores y debía tener precaución. Este síntoma, llamado fotofobia, es común en las cefaleas, pero este era un caso extremo. Además, sentía el típico dolor de cabeza en casco, denominación que surge precisamente por el hecho de que quien lo sufre se siente como si llevara un casco que aprieta toda la cabeza de forma continua. Esta geografía sintomática me orientó en la mecánica del problema, las cervicales más altas, pero la gran pregunta era: ¿qué le oprime la cabeza a FO?

Comencé con la pregunta más simple y elemental, que suponía que se la habría formulado ella a sí misma o se la habría realizado otro profesional, por lo que no esperaba tener gran éxito en la cuestión: «¿Hubo en los comienzos de sus cefaleas algún hecho que afectó sus sentimientos por esos tiempos?» Su cara amable expresó tanta tristeza como sorpresa, y sin demoras comenzó con su relato. En aquella época, uno de sus hijos comenzó a tener conductas extrañas sin dejar de ser estudioso y educado. Cierta actitud de misterio rondaba al joven, los horarios no cuadraban, sus encierros en su habitación eran exagerados, no contestaba las preguntas de sus padres a si ocurría algo, y todo esto fue en aumento.

Su hijo engordó desmedidamente y abandonó la práctica de deporte; sin duda algo sucedía pero no había cómo abordar al joven. Después de visitar a varios especialistas, se le diagnosticó una depresión endógena (de tipo químico por motivos probables de herencia), y efectivamente, el padre ya fallecido de FO había padecido lo mismo.

Dentro del problema, estas depresiones responden muy bien a los fármacos, y el control de la medicación es imprescindible, así como seguir la evolución y la constante mejora de los nuevos fármacos. De hecho se puede llevar una vida normal con los cuidados básicos y permanentes.

Evidentemente, las preguntas obvias no son siempre tan obvias, dependerán en gran medida del contexto y de cómo se realicen. En el momento que FO se dedicó a sí misma y relacionó su dolor de cabeza con la patología de su hijo, todo tuvo sentido. Sobre todo ante una segunda pregunta que surgió durante su tratamiento sobre las primeras vértebras cervicales, que venía dando muy buen resultado en el dolor y la fotofobia: «¿Cuál es su culpa en esto?» Reaccionó primero con un largo y amargo silencio, y luego estalló en un gran llanto que solo se detuvo al decirle que no era justo pensar en la fantasía de haber hecho mal en engendrar a su hijo con este problema, una culpa tan injusta como frecuente en padres de hijos con enfermedades genéticas o hereditarias. Otra vez un hecho de la vida afectiva se había transformado en un dolor de cabeza metafórico y real. Síntoma y circunstancias de la vida se unen en un síntoma descriptivo de la realidad exterior y la realidad corporal.

El trabajo manual terapéutico dio rápidos resultados, pero FO necesitó más tiempo para entender su fantasía culpógena de ser responsable de haber hecho un «hijo imperfecto».

Cuando comprendió que la situación era inevitable, se permitió estar triste a lo largo de varias semanas durante las que la cabeza no le dolió en absoluto. En realidad se encontraba en una situación sentimental acorde a los hechos: era triste que su hijo padeciera depresión endógena, no era motivo para otro sentimiento.

Luego comprendió que esta tristeza llegaba tarde, cuando ya había hecho todo lo posible por su hijo, que por cierto gracias a la medicación llevaba una vida casi normal. También estuvo triste frente al hecho consumado y resuelto. Darse cuenta de esta situación le trajo una mejoría progresiva en su ánimo hasta ser la de siempre, pero claro está, sin cefaleas.

La gravitación de la fantasía de culpa por «el hijo mal engendrado» se pagaba con dolor de cabeza. Cuando el síntoma se articula con el sentimiento, se da la paradoja de un falso equilibrio: duele y pago por mi error. Cuando se descubre la realidad y el falso equilibrio se desarticula, el síntoma del ya desaparecido sentimiento de culpa y el dolor no tienen razón de ser.

Mucha fue la ansiedad que vivió y vivirá FO; siempre tendrá un mínimo de miedo, pues la enfermedad de su hijo es crónica. Su hijo es su «talón de Aquiles», y su cabeza se comportó desde lo físico como el eslabón más débil.

Pero ahora sabe todo esto, como también que no tiene culpa alguna en el hecho patológico, y sí gran protagonismo en el efectivo tratamiento que ella y su marido le han dado a su hijo, y que le permite llevar una vida social y productiva como cualquier otro muchacho de su edad.

Ella venció la incertidumbre y la negación de la fantasía de su culpa.

15

Caso 7

Sensación de irrealidad

Un fósforo o una cerilla necesitan de una superficie áspera para encender y desplegar su fuego. La realidad es la superficie áspera de todo conocimiento, pues sobre esta debe desplegarse el quehacer de cada ciencia.

Un gesto corporal está cargado de emoción, una emoción interna que se expresa al exterior al tiempo que se nutre de la reacción que provoca ahí afuera. A partir del resultado obtenido en los demás, la emoción cobra vuelo y se extiende por todo el cuerpo, hincando su intensidad en una parte de este, al tiempo que se asocia a una idea hasta crear un sentimiento.

Un cuerpo con sentimientos revivirá una y mil veces esta experiencia. Si la realidad que emociona, tanto para bien como para mal, es constante, la mera presencia del hecho o su evocación movilizará la emoción con toda su carga afectiva sobre los mismos órganos.

La realidad se puede cambiar, el cuerpo y los intercambios emotivos entre el cuerpo y el espejo de la realidad se funden en sentimientos de masas que quitan individualidad al ser.

En una sociedad ansiosa, la ansiedad no solo se masifica, sino que también se potencia, abrumando a seres que poco a poco pierden su individualidad para caer en la horda caótica de la ansiedad social. Es común ver entonces cuerpos en posturas que nos hablan de personas que se inhiben ellas mismas.

Las artes y las ciencias de terapias manuales que permiten restablecer el orden de un ser individual capaz de expresar sus pesares y consciente del valor de ser uno mismo más allá de la contingencia cotidiana, devuelve la postura que caracteriza a cada individuo con su propia historia en consonancia con sus sentimientos, y le permite ser menos vulnerable a la realidad que le toque vivir.

Las historias de irrealidad, en las que una persona se siente ajena a su cuerpo aun siendo consciente de sí mismo, son un malestar psicofísico cada vez más abundante y, por desgracia, incomprendido.

JGA se presentó a la consulta aquejado de vértigos alternados con fuertes cefaleas que podían durar hasta dos días. Era un hombre joven cercano a los cuarenta años, inteligente y algo manipulador en cuanto a no querer perder el control de su tratamiento.

Bastante obsesionado con sus síntomas, los describía al detalle hasta la más mínima molestia. Se empeñaba en analizar los ritmos y la frecuencia con que se producía cada cosa que le ocurría en su cuerpo, empleando terminología muy correcta y académica: parecía una enciclopedia de sí mismo y su padecer, hasta el punto de que sus dotes de observación y su memoria eran sorprendentes. Me resultaba de gran interés seguir su relato, no porque fuera a mejorar el diagnóstico, que era ya evidente, sino por no perder el hilo conductor de su obsesión con sus síntomas, en particular los que no aportaban nada, por ejemplo: se le dormía un brazo durmiendo la siesta en un sillón poco cómodo, como podría sucederle a cualquiera, y él trataba de establecer el diagnóstico diferencial con una esclerosis múltiple o un ictus. Si yo no recordaba todo cuanto decía, después no tendría credibilidad frente a este paciente enciclopédico de sí mismo a la hora de desarmar sus refugios obsesivos y demostrarle lo absurdo de sus conclusiones.

Lo único importante eran sus vértigos, sus cefaleas y sus obsesiones. De los primeros había claros motivos mecánicos y por supuesto su ansiedad sin límites refugiada en sus obsesiones hipocondríacas. Esto no es un tema menor: cuando un obsesivo hipocóndrico tiene un verdadero problema, en el mundo de los profesionales de la salud es alguien no creíble aun en lo verdadero y se tiende a subestimar el caso, o mejor dicho, a la persona que sufre el mal.

Escuchar sus síntomas era una forma de descargarlo de su ansiedad extrema. Se relajaba mucho hablando de todo lo que le ocurría, y más aun cuando intentaba sacar conclusiones de su diagnóstico probable, por cierto siempre grave y por ende misterioso, lo cual justificaba ante él la falta de un veredicto por parte de los profesionales.

Esta situación es muy común. JGA puede parecer un personaje cómico, pero no lo es; son muchos pero muchos los pacientes que hacen esto, y de hecho su número ha aumentado desde la aparición de internet.

El estado de inquietud que provoca la ansiedad se convierte en síntomas reales, como sus vértigos o cefaleas, o falsos síntomas, como el hecho de que se duerma un brazo y atribuirlo a un ictus imaginario. Si el síntoma tiene una explicación que le convenza a él, su ansiedad se canaliza en el padecer y el relato se orienta a terminar de convencerse a sí mismo. Entonces se tiene una ansiedad compensada, negativamente compensada, pero compensada al fin.

En este punto quiero recalcar la importancia de tener claro como terapeuta que si una persona ansiosa ha encontrado un equilibrio para su ansiedad, aunque este sea negativo e inclusive nefasto para su calidad de vida, es importante tener en cuenta dos cosas antes de romper este equilibrio. Primero, es preciso saber cómo desarticular ese nefasto equilibrio sin empeorar la situación, porque en ese caso se deja al paciente más ansioso y desequilibrado, y las consecuencias suelen ser nefastas. El individuo se sentirá muy inseguro y los ataques de pánico acabarán siendo recurrentes. Segundo, conviene tener muy claro cuál será su nuevo equilibrio y, sobre todo, que sea realista.

Mientras yo trabajaba manualmente su tremenda tensión cervical, él podía hablar y yo escucharlo. Su tensión muscular justificaba con creces sus vértigos y cefaleas; le encantaban mis explicaciones sobre la mecánica de su padecer y rápidamente se las hacía propias. Solía decirme: «¡Esto se lo contaré a mi esposa!, ¡a mi hermano!», y a tantos otros que, según él, no le creían. En realidad siempre le habían creído, pero ya aburría, y JGA lo tomaba como descrédito.

En la tercera sesión, cuando comenzó a manifestar alivio, sobre todo en sus vértigos, me pareció el momento ideal para tomar yo la iniciativa del relato de su problema y le pregunté: «¿Usted nunca ha tenido la sensación de ser ajeno a su cuerpo? ¿Le ha ocurrido que pese a saber cómo se llama, su número de documento de identidad, todos sus datos filiales, ha sentido que no sabe quién es? ¿Se ha sentido un ser ajeno a la realidad? No me refiero a un *déjà vu*, porque todos lo tenemos, no es algo ya vivido, es no entender qué es lo que se vive en un momento determinado. Es pensar: "No me reconozco, me miro las manos y me parecen ajenas, me miro en el espejo y sé que soy yo, pero ¿quién es yo?"»

El silencio fue corto y su rostro adoptó una expresión de terror. Comenzó a llorar suavemente y preguntó: «¿Eso se me nota en el cuello?» «Sí —le respondí—, y también en su forma de hablar de sus síntomas, en su infinita ansiedad, y sobre todo en que esto es lo peor que le pasa y nunca me lo contó.»

Seguí mi explicación: «Tiene usted el cuello tan rígido porque parece creer que va a perder la cabeza, a volverse loco. Habla tanto de sus síntomas corporales para justificarse a sí mismo que existen, y no me cuenta esto, y estoy seguro de que nunca lo contó por no pasar por loco.»

Comenzó a hablar con calma, con mucha calma, diciendo: «Es tal cual lo relata. ¿Ha visto algún otro caso como el mío?» Le contesté: «Sí, muchos.» «¿No soy el único?», preguntó, casi decepcionado, y le respondí que no, siempre con un tono suave y comprensivo de mi parte.

«Mire, si usted estuviera loco no tendríamos esta conversación. El psicótico se cree de verdad todo lo que dice y no piensa que esté loco, y tampoco muestra tensión en los músculos del cuello para no perder la cabeza, pues no piensa en ello. Si usted sufre algo, es su cordura; lo excede, tanto lo excede que la ansiedad se debe a su necesidad de seguir tan cuerdo como sea posible para poder controlarlo todo.

»Cuando usted les cuenta sus síntomas a sus seres queridos no es que no le crean; se cansan, se aburren. Y a usted le pasa lo mismo: se cansa de sí mismo y quiere escapar de su cuerpo, entra en un ataque de ansiedad tal que huye de sí mismo, no quiere saber nada de usted mismo, pero no logra escapar y siente un miedo espantoso.»

«El peor que se puede tener —me contestó—, parece que me voy y no volveré...»

«Pero ya ve, nunca se fue. Tiene usted que encontrarse con su propio ser, que es mucho más humilde y sensible que la persona que aparenta ser. Es más, usted es inteligente y tiene conciencia de ello, sabe que puede dar mucho de sí, pero le da miedo imaginar hasta dónde puede llegar, y le aseguro que es mucho más que la apariencia de todopoderoso que pretende dar y que nadie se cree, empezando por usted mismo.»

Si se vive en unos hábitos jamás cuestionados, la vida será como una inercia que viene de un pasado que creemos que existió, pero no fue así, y nos preparamos para un futuro que seguro que no será como esperamos y se transformará en un presente desconsolador y desconcertante. Entonces la vida dejará su impronta por la rutina, la vida del miedo a lo que vendrá y de que el tiempo pasado fue mejor; es eso una rutina de seres arrastrados por la marea de las obligaciones, como lanzados por un cañón cuya trayectoria de disparo fue trazada con tan mala puntería que estrellan sus cuerpos contra la dura realidad y quedan muy maltrechos.

Dejarse llevar por la rutina de una tradición social de la premura por encima de la reflexión, de la anestesia de la emoción, «del callar, porque es mejor que no saber qué decir» producto de no haber aprendido a hablar de los sentimientos propios, dará necesariamente cuerpos inquietos y contenidos, rígidos y dolorosos. La ansiedad es ese mínimo de miedo que no sabemos de dónde viene ni a qué tememos. En las rutinas se esconde ese individuo manso por

fuera y muy ansioso por dentro. Cuando la rutina se detiene, se cree estar triste o melancólico como en un domingo que termina, porque para muchos la semana no comienza el lunes, sino el domingo en su atardecer, cuando baja el sol y sube el nudo en el estómago o en la garganta, o se parte la cabeza, se tiene frío aun haciendo calor, y tantas otras formas con que el cuerpo cuenta su ansiedad contenida.

En el caso de JGA, los días de asueto eran muy difíciles. JGA solventaba los episodios del domingo por la tarde que antes relataba adelantando trabajo en su casa; comenzaba ya después del almuerzo hasta la hora de cenar.

JGA también manifestó sentir mucha ansiedad cuando se acercaban las vacaciones, además de angustia y no pocas veces sensación de irrealidad. Sin duda era adicto al trabajo, que se había convertido en su refugio y su rutina.

Él se reconocía trabajando. En las vacaciones el tiempo libre puede ser un verdadero enemigo del ansioso, sobre todo de los obsesivos y en particular de aquellos que tienen cierto éxito en su labor. Hay mucho miedo a perderlo todo, aunque la lógica diga que no pasará nada y que se necesita el descanso. La irrealidad es el miedo a perderse a sí mismo en el tiempo libre: «¿Quién soy yo cuando no produzco?», parecen preguntarse. En vacaciones las cefaleas aumentan en frecuencia, duración e intensidad.

Muchas personas, como también lo hizo JGA, no toman vacaciones durante años, pero ya casados y con hijos se hace difícil escapar a la realidad de las vacaciones, para casi todos el mejor momento del año, en estos casos el peor. De hecho las vacaciones son momentos de gran ansiedad constante y mucho temor, los síntomas hipocóndricos aumentan y también los reales, las indigestiones son comunes con alimentos que no deberían caer mal, o aparecen alergias sobre todo en la piel: el cuerpo es muy susceptible en esos momentos de paradójica tranquilidad. Vértigos o dolores de cabeza son pan del día. Y claro está, el mal humor, las peleas familiares y la intolerancia suelen arruinar las vacaciones de él o ella y de cuantos lo rodean.

Todo esto que se describe en JGA es muy común, abarca a mucha más gente de la que se cree o se piensa, pero la irrealidad, ese estado en que la cordura parece la peor de las locuras, se vive en silencio y soledad infinita.

Otro paciente me relató un estado de irrealidad tan duro como patético, ya que no eran episodios aislados, sino que vivía en permanente irrealidad desde hacía años, con picos extremos y una mínima irrealidad permanente.

Para quien padece esta sensación no es suficiente con decir: «Parece como si viviera en un sueño»; los pacientes que cuentan su historia se esfuerzan, y mucho, en explicar la diferencia entre un estado de ensoñación y la sensación de irrealidad. De un modo u otro, todos hemos vivido alguna vez la ensoñación; a veces se debe al cansancio, a cierta cantidad de alcohol que no embriaga pero distorsiona o a determinados fármacos: se tiene conciencia, parece un sueño pero se sabe que no lo es, y por encima de todo no da miedo.

En el estado de irrealidad o aparente despersonalización se parece a lo anterior, pero no hay sueño ni sustancias que lo justifiquen, no causan gracia como en el alcohol, todo lo contrario, causan una sensación de miedo producto de la aparente pérdida de control o enajenación. El «soy ajeno a mí mismo» se repite en todos los casos, como el «siento como si saliera de mi cuerpo». Es una sensación de extrañeza con uno mismo: sé quien soy o cómo creen que soy, pero en este preciso instante no me reconozco así, es como ver a una tercera persona ajena a todo, soy un perfecto desconocido a mí mismo y ese choque de saber y no reconocerme es horrible. Es sentirme fuera del cuerpo, ver un espectáculo dantesco, me fui y no se adónde, ni desde dónde, ni a quién debo volver... El miedo se convierte en pánico. Esta última descripción se repite en muchas personas de idéntica forma, es el punto paroxístico, corto y muy intenso, tal como me relató una mujer que me dijo: «La forma en que se vive ese momento es tan real que es irrealidad pura y dura.» A esta descripción tan especial como gráfica yo agregaría: la sensación de irrealidad es la única manera de soportarlo. Es tan real mi existencia que no la soporto, así que no me la creo, ¡no puede ser cierto!, pero vaya si es real.

En la irrealidad de menor calado, la no paroxística, la continua, paradójicamente todos refieren poder disimular la situación y seguir con miedo y la actividad en curso hasta el punto de acostumbrarse y pasar desapercibidos. Esa sería la irrealidad permanente, una rara inercia de vida con miedo que no se puede contar por temor a pasar por loco; saben que no lo están, pero dudan, se sienten fantasmas sociales ya que no cuadran en la lógica de los protocolos médicos. Sin embargo, están seguros de que algo sucede y no se los entiende, de ahí eso de fantasma social que muchos repiten; esta es una frase acuñada por todos pensando que solo él o ella viven esto, y no saben cuántos la usan sin saber de la existencia de tantos casos. Dado el silencio de rigor, todos creen ser el único o la única, y esto los sumerge en la profunda soledad.

Eso picos máximos de ansiedad expresados como irrealidad paroxística, insisto, corta pero muy intensa, suelen ocurrir a solas. Es común transpirar, tensionar el cuerpo y desesperarse. Alguien que se declaraba ateo me confesó que en su desesperación muchas veces miraba hacia arriba y suplicaba a Dios.

Son lugares disparadores el baño, en particular mirándose al espejo; en el cruce de la mirada propia y la reflejada por el espejo muchos se preguntan «¿Quién es ese que me mira? ¡Soy yo, pero no me reconozco! ¡Me aterra mi mirada!» Esta reflexión tan escuchada de tantos pacientes demuestra la cordura: ningún demente se plantea esto, vería a otro sin más.

También puede producirse en el automóvil, sobre todo en un trayecto largo sin salida cercana o en un túnel extenso y por supuesto solos, como un verdadero símbolo de soledad y camino sin salida, como la vida misma, esa que creen conducir y de repente pierden el rumbo y se aterrorizan, de controlarlo todo a no controlar nada, ni siquiera a sí mismos.

Volviendo a JGA, el hombre en cuestión que representa a tantos, él temía mucho a los espejos, desde la adolescencia según su recuerdo, la primera vez del cruce de mirada consigo mismo en el baño de su casa que lo aterró y que no se repitió por años hasta que comenzó a ser un disparador frecuente años más tarde. Admitió que se había transformado en un hábito entrar a un ascensor con espejo y evitar mirarse. Me viene a la memoria el caso de un paciente que no se afeitaba con espejo, lo hacía al tacto; o la mujer que se las ingeniaba para conducir mirando los espejos retrovisores sin que ella se viese en lo más mínimo recostándose contra la puerta del automóvil.

JGA tenía esta fobia, sabía del miedo irracional que eso suponía y lo vivía como un secreto personal, sin más cuestión.

A estas alturas no es difícil entender que los vértigos de JGA manifestaban la inestabilidad de vivir la vida sin saber si era la suya, o mejor dicho, qué hacer para adueñarse de su propia vida, sus capacidades. Su cuerpo se desconectaba de su triste realidad hasta el punto de que un espejo le recordaba su existencia y se espantaba. La rigidez del cuello era el doble símbolo del pedestal a su inteligencia y el anclaje a no perder la cabeza, no volverse loco, algo que nunca pasaría; ni su inteligencia, ni la de nadie merece pedestal, solo aplicarla correctamente.

Todo este relato probablemente puede sugerir al lector que encubro a un demente, pero va mi pregunta con todo respeto y pidiendo una sincera reflexión: ¿Y si cada uno contara sus fobias ocultas o sus supersticiones? Sí, esas que nadie tiene el valor de expresar libremente y sin tapujos, ¿cuántos serían considerados cuerdos en esta sociedad tan exigente con el éxito, la productividad y la apariencia?

Trabajé con JGA durante casi un año, siempre maniobrando áreas muy sensibles como el aparato digestivo. Este tipo de pacientes suele ser estreñido o diarreico, o alternar ambas circunstancias, propensos a úlceras gástricas o duodenales, muy propias en estos tiempos de estrés.

Como dato ilustrativo, pero más aún dando veracidad a la realidad social que nos toca vivir, después de la Segunda Guerra Mundial se diagnosticaron muchas úlceras digestivas en los soldados que regresaban a sus casas tras la contienda. El motivo era el miedo vivido en las esperas previas a los combates y la ansiedad permanente. Esta situación se denominó «úlcera de guerra», excesiva secreción de jugo gástrico (ácido clorhídrico) por ansiedad crónica.

En la actualidad, las consultas digestivas en los países que atraviesan grandes y prolongadas crisis económicas encuentran úlceras de guerra de igual fisiopatología pero sin disparar un tiro: ¡ansiedad crónica!

Cuando aliviaba la tensión del estómago de JGA, parecía una tregua en su propia guerra y de la sociedad que lo rodeaba. En esos momentos hablaba sin que se lo pidiese, me contaba de sus contradicciones y ambigüedades: «Cuanto más trabajo menos siento que cumplo, quiero ser feliz y me siento muy desdichado.»

A esa afirmación le pregunté: «¿Usted cree que es el único que siente eso?», a lo que inmediatamente me contestó: «¡No me importan los demás!» Le dije: «Mire, deberían importarle las demás personas, como mínimo sentiría menos carga al darse cuenta de que no es el centro del universo.»

Algo avergonzado de su egoísmo, trató de suavizar sus palabras con una frase hecha, como hacen las personas sin argumentos sustentables: «¡Mal de muchos consuelo de tontos!» Le respondí con naturalidad y paciencia: «Bueno, si el mal es de muchos, sin duda ha de haber una causa que los unifique.»

«¿Cuál es la causa?», preguntó. «Muy sencillo —contesté—, en su caso, como en el de tantos y le aseguro que no son tontos, la causa es llevar una vida equivocada, fundamentalmente trabajar solo en función de la productividad, y en esta sociedad la productividad siempre es poca por más productivo que pueda ser, porque se produce para tener, tener más y más, y tampoco eso le basta a usted y a todos los que son como usted, y le agradecería que no los llamara tontos, en todo caso son sus compañeros de infelicidad, quieren tener pero no saben ser.»

«¿Ser qué?» «Uno mismo, JGA, ¡uno mismo! ¿Me entiende o se lo explico...?»

Luego de un silencio profundo rompió en llanto, lloró mucho.

Le repliqué: «En algún lugar de su cuerpo se perdió un niño o un adolescente con ideales y sentimientos, y ahora hay un adulto con sentimientos anestesiados con una única idea, producir para tener.»

«¿Eso se palpa en mis entrañas?» «Sí, están hinchadas de apariencia y duras de retener sentimientos nobles.»

Le dije que todo hombre y toda mujer guarda siempre un niño o una niña en estado de ensoñación para escapar de la realidad que lo abruma, y todo adulto tiene derecho y necesidad de hacer tonterías un rato, sí, un momento de ridículo y divertirse con eso, sin importarle, sin más pretensión que disfrutar, solo eso.

Tras algunas sesiones de trabajo manual digestivo y profundizando en los conceptos de ser y no perecer, JGA comenzó a cambiar, se permitió muchas cosas postergadas, cosas simples: dejó de aparentar y de ser una máquina de trabajar, de hecho empezó a trabajar relajado y su verdadero desarrollo profesional dio un salto en calidad.

Durante el largo trabajo con este paciente, maniobré sus duras vísceras cargadas de líquidos retenidos. Eran vísceras muy edematizadas, estaba lleno de gases y retenía materia fecal, pues también padecía de estreñimiento. El estómago es la parte que simboliza lo que digerimos del exterior y la imagen que damos al exterior, y los intestinos, tanto el grueso como el delgado, guardan nuestros secretos más inconscientes, eso que ni nosotros mismos recordamos.

En la sociedad actual el estreñimiento es muy frecuente, solo es necesario ver cómo la industria alimenticia gasta en publicitar yogures y cereales para evacuar el vientre y las farmacéuticas publicitan productos para gases retenidos, hasta el punto de que muchas veces son el centro publicitario de cualquier tanda televisiva en los últimos años.

Es una sociedad estreñida, le cuesta mucho eliminar sus excrementos... y eso es tóxico. Cuesta casi tanto como sacar los sentimientos hacia fuera, pero los sentimientos escondidos en las vísceras no son tóxicos, son el miedo a perderlo todo, pero cuando realmente se pierde todo se tiene diarrea, la clásica expresión del miedo.

Podemos preguntarnos qué temen los individuos como JGA, y la respuesta es que sobre todo temen vivir. Dejan de vivir felices, si es que alguna vez lo fueron, para trabajar compulsivamente a fin de tener y retener la mayor cantidad posible; dejan de ser quienes querían ser y terminan sin saber quiénes son; se sienten poderosos e inmortales y terminan temiendo de su propia existencia: viven con vértigo y terminan verdaderamente mareados; tienen y retienen y se vuelven estreñidos; aparentan ser y terminan sin saber quién es ese del otro lado del espejo.

Por supuesto, la solución no es dejar de trabajar, todo lo contrario, es darle valor al trabajo. Es darse cuenta de la verdadera función del trabajo, es jerarquizar el amor por el trabajo. Y si se trabaja mucho, también se valora el descanso y el tiempo libre por poco que sea.

16

Caso 8

A todos nos pasan cosas...

Estoy frente a mi escritorio trabajando, como siempre, y empiezo a sentir una gran sensación de flojedad. La verdad, es bastante incómodo. Busco una mejor posición en la butaca, qué desagradable es sentirse mal. Parece que se me revuelve todo en el estómago, ¿qué fue lo que comí? En realidad, nada que pueda haberme sentado mal, me parece que me estoy resfriando. Uy, qué mal, esto no se va. Se me están durmiendo las manos y tengo un zumbido en los oídos muy intenso. Mejor me recuesto sobre la butaca porque me parece que me desmayo. ¿Y ahora cómo pido ayuda? Me da vergüenza. Todos creen que soy muy fuerte, ¿a quién le puedo pedir ayuda? A ver si se me pasa. A lo mejor me ha bajado el azúcar; sí, eso, me ha bajado el azúcar.

Me levanto rápidamente, les digo a todos que enseguida vuelvo. Me dirijo rápido hacia la calle, el viaje en ascensor es interminable, las piernas no me sostienen. Tengo frío en las manos y calor en la cara. Esto parece una locura. En cuanto coma algo dulce se me pasa, sí, seguro que se me pasa.

Bien, ya se han abierto las puertas del ascensor, hemos llegado a la planta baja, ya me siento mejor. Claro, estaba encerrado. Estoy caminando muy rápido, mejor voy más despacio para no gastar energías. Otra vez me siento mal, me parece que me caigo. De nuevo estoy caminando rápido. Pero si he sufrido una bajada de azúcar, ¿cómo tengo fuerzas para caminar más rápido? Todo parece irreal, los ruidos me aturden, la gente me molesta. ¿Es que nadie me ve? ¿No se dan cuenta de lo mal que estoy? Me miro en el espejo antes de salir del edificio. No estoy pálido, ni siquiera parezco enfermo. ¿Qué me pasa? Por eso nadie me estaba mirando.

Por favor, que no me encuentre con nadie conocido.

Salgo del edificio. Voy a un bar. Saludo muy simpáticamente al camarero, trabo una conversación amable mientras le pido que me traiga un café con azúcar y una tarta para comer. Disimuladamente le digo que tengo mucha hambre y que si no es molestia se dé prisa en traérmelo.

Si me iba a desmayar, ya tendría que haberlo hecho. Bueno, por lo menos he sido simpático con el empleado, si me pasa algo se ocupará de mí. Llegan el café y la tarta. Como y bebo como un desaforado, qué bien me sienta. Me he manchado los dedos y la ropa. Siento que tengo la espalda empapada de sudor, se me pega la camisa. Debo de haber comido demasiado rápido, se me está revolviendo todo en el estómago.

Tendría que ir al baño, pero no tengo fuerzas, así que me lo pienso. Bueno, vamos, ahí voy. Me levanto de golpe, en realidad me sobran las fuerzas, pero siento vértigo. Miro fijo en la puerta del baño y allí voy. Tropiezo con la mesa, esto es por torpe, es que estoy muy nervioso, tengo mucho miedo. Ya estoy en el baño, mejor me meto en el váter. Me siento. Cierro la puerta con el pasador. Estoy orinando, esto me relaja. Ya no tengo ganas de vomitar. Tengo un nudo en el estómago y muchas ganas de llorar. He apoyado los codos en las rodillas y he escondido la cara entre las manos. Comienzo a llorar, pienso en mi familia. ¿Y si me muero? ¿Quién se va a ocupar de ellos? Me siento ridículo, estoy llorando sentado en un váter, con los pantalones bajados, sin hacer nada y muerto de miedo. ¿Cómo puedo ser tan estúpido de sentir que me muero y no pedir ayuda? Parece que llorar me ha sentado bien. Es que estoy muy cansado. Claro, está visto que he pillado una gripe, por eso los mareos, hasta debo de tener fiebre. Aunque ahora que me toco la frente estoy frío. Bueno, no sé qué es lo que tengo, pero ya me estoy sintiendo mejor. Debería hacer dieta y comenzar a hacer ejercicio, aunque eso me angustia. Bueno, mejor no hago nada.

Bueno, estoy mejor, ya pasó, es solo un malestar, pero qué mal lo he pasado. ¿Cómo puedo ser tan estúpido de tener miedo de esto? Miro el reloj y son las once, falta media hora para la junta, mejor me voy a arreglar en el espejo y lavarme la cara, tengo que tener buen aspecto, todos saben de lo que soy capaz y no es bueno presentarse así. Ahora voy a exponer mi idea de cómo manejar un asunto de la empresa. Espero que no haya ningún idiota que me cuestione, y si lo hace lo voy a poner en ridículo. De este tema yo sé mucho, nadie lo maneja como yo. Bueno, me voy para el trabajo.

A la misma hora en otro lugar:

Ya llegan los alumnos. Este año tengo más que nunca y comienzan a aparecer los dichosos mareos. Ya he ido a todos los especialistas posibles, los ojos están bien, los oídos están bien, el neurólogo dice que no tengo nada y el cardiólogo también, pero yo me mareo. Me parece que debo de tener algo tan complicado que nadie es capaz de encontrarlo. Mejor empiezo con la clase, este año tengo más trabajo que nunca. ¿Para qué habré aceptado ser jefa de estudios? Era lo que tanto quería, pero justo ahora que lo soy, me empiezan estos mareos. Llevo más de un año con este asunto. Parece que viviera en dos tiempos: estoy dando la clase y todos creen que no me pasa nada, pero siento que me voy a caer. Estoy tan acostumbrada a separar las piernas y apoyarme en el escritorio o en la pared para no caerme, que nadie se ha dado cuenta de que lo hago por los mareos. Deben de creer que así estoy más cómoda. Para mí que es esto de los músculos del cuello, siempre que me duelen me mareo. Lo que más me irrita es que estas cosas me suceden cuanto más trabajo tengo. Con lo bien que estaría yo sin los mareos; sería feliz.

Tengo una familia maravillosa, me va bien en mi trabajo, pero no disfruto de nada por culpa de los mareos. Cada vez que lo cuento me miran con cara de ¡otra vez con lo mismo! Y eso que yo les digo: «es que no me encuentran nada...». Yo no sé por qué, todos me dicen que estoy muy nerviosa. ¡Todos estamos nerviosos! Claro que los demás no se marean.

A la misma hora en otro lugar:

¡Uy, menudo atasco! Mejor bajo la ventanilla, que me falta el aire. Se me está hinchando el vientre, me aflojo el cinturón, total aquí nadie me ve. Parece que me fuera a explotar la barriga. Eso es lo que no me deja respirar, ¡cómo me falta el aire! La verdad, me bajaría del coche, pero sería

un papelón. Se me están durmiendo las piernas, ya llevamos quince minutos aquí parados, siento como si tuviera
miedo. Todo junto, atasco, vientre hinchado, me falta el
aire y se me duermen las piernas. Con la prisa que tengo.
Siempre tengo prisa.

Al fin, esto empieza a moverse. ¿Por qué habrá sido el
embotellamiento? Bueno, ya voy para casa.

A la misma hora en otro lugar:

Me miro en el espejo, es muy raro lo que me pasa. Me
veo, pero no me reconozco. ¡Qué duro es mirarse a los
ojos! ¡Qué sensación más rara! Esto asusta. Sé quién soy,
sé dónde estoy, sé cómo me llamo, pero me siento muy extraño, parece como si estuviera saliendo del cuerpo. Todo
es raro, yo no soy yo, ¿me estaré volviendo loco? Ahí viene
Juan, ¿cómo le explico lo que me pasa? Comienzo a hablar
con él, hablo de vaguedades. Él me mira con normalidad,
como si no me pasara nada. Me enredo en la conversación.
Ya estoy más tranquilo.

17

¿Qué se esconde detrás de un ataque de pánico?

Cuando percibimos el cuerpo, este necesariamente estará influido por un determinado modo de pensar, tan nuestro, tan individual como fue construido con nuestra propia historia. Esa forma de percibir nuestro ser corporal histórico, influido por nuestras experiencias de toda una vida, en el que también repercutirán temas actuales, imprevistos y cargados de la intensidad de aquello que es aparentemente desconocido y reciente, desencadenando reacciones físicas que van de desagradables a insoportables, *es lo que llamo sentimiento postural negativo.* El sentimiento postural negativo es el que nace de las emociones simples de sentir, y se hace más complejo con la suma de las experiencias de nuestro cuerpo, las que preferimos guardar y recordar y también las olvidadas. Principalmente estas últimas, las que creemos caídas en el olvido, se hacen presentes de forma explosiva, corta e intensa, sin que aparentemente podamos entenderlas. Las supuestas formas de pensar temas actuales, imprevistos y desconocidos no son más que recordatorios de otras emociones olvidadas que tiempo atrás nos impactaron y generaron miedo.

Las explosiones corporales se expresan mediante síntomas como ahogo, sensación de desmayo, vértigo o irrealidad. Un ascensor que se detiene unos pocos minutos puede generar tal claustrofobia que raya en la desesperación. Un centro comercial repleto de gente puede producir vértigo o mareos hasta el extremo de tener que irse con desesperación.

Si bien es cierto que con la mente consciente podemos gobernar el cuerpo, no olvidemos que las sensaciones físicas nos enseñaron el camino de la construcción de la mente y su conciencia. Cuando el sentimiento postural negativo se expresa con malestar, es una verdadera protesta de las bases de nuestro cuerpo y también del gobierno de una mente confusa sin ideas claras. Si después de dormir toda la noche nos levantamos más cansados que al acostarnos, la mente y nuestra forma de pensar esclavizan al cuerpo.

Las circunstancias que nos rodean y atrapan doblegan la libertad de pensar una vida que dignifique nuestro sentimiento postural, un modo de estar en el mundo de pie, sin tener que pagarlo con el sufrimiento de síntomas. Mientras sea más importante tener que ser, tendremos sentimientos posturales negativos.

Si tuviéramos que pagar por las reacciones frente a las adversidades de la vida, lo haríamos con monedas una de cuyas caras sería el miedo y la otra la agresividad. Alguien muy agresivo está lleno de miedo, y una persona temerosa es potencialmente agresiva sobre todo en situaciones límite. En cierta medida, todos reaccionamos con la emoción del miedo ante circunstancias cotidianas; tenuemente nuestra emoción de agresividad está presente en nuestro funcionamiento, es nuestra biología. En nuestro ADN están inscritas estas emociones básicas de supervivencia. Los sentimientos de agresividad y miedo se mezclan con las emociones y el aprendizaje cultural que forma cada modo de pensar las situaciones cotidianas.

El cuerpo es el receptor inicial del miedo o la agresividad, aunque es imposible separar ambas emociones y sentimientos. En el cuerpo se debate la idea de huir o enfrentar cada situación cotidiana. Puede ser que etiquetarlo como estrés haya logrado sumirlo en el olvido en la cultura actual, en la que vivir la vida siempre inspira miedo y agresividad. El cuerpo se resiente con la vida misma tal como la llevamos hoy. Cada segmento corporal, cada cadena muscular y cada órgano tienen una representación simbólica de la mezcla indivisible de estas emociones y sentimientos. Interpretarlos es leer la partitura de la vida de cada ser en su historia y presente.

La dificultad de ver lo obvio es que no siempre aquello que creemos evidente lo es para todos, ya que muchas veces se mira por el ojo de la cerradura cuando la puerta está abierta y desde ese pequeño espacio se abre un juicio torpe: el prejuicio. El prejuicio es madre y padre de muchos conflictos, porque aquel que pide ayuda y realmente no se deja ayudar, se dedica a lamentarse, que es una buena forma de justificarse y ver enemigos donde no existen, es recrear fuerzas del mal en un ejército fantasma. Los prejuicios nacen de formas de pensar de aquellos que se suponen en condiciones de establecer qué está bien y qué está mal, acomodar la realidad a su conveniencia; esta es la solución que encuentra el negador.

Los ojos son órganos maravillosos que nos permiten ver el mundo que nos rodea. La conciencia es una suerte de órgano que puede poner luz en aquello que no vemos en nuestro interior. Sin luz, en nuestro interior no habrá memoria; sin memoria no habrá recuerdo, pero de ninguna manera habrá olvido, siempre aflorará una emoción.

Si pensamos sobre esta, tendremos un sentimiento; si no lo entendemos, ello indicará que no vemos por dentro aquello que tan fácil vemos en otros. El cuerpo tiene sus motivos para quejarse y siempre lo hace con malestar. La autocontemplación del cuerpo en bienestar solo se logra desde la sinceridad con uno mismo.

Las emociones periféricas corporales, como la sudoración en las manos, escalofríos, aumento de la tensión muscular y otras tan características, siempre preceden a los sentimientos tempestuosos. Las emociones corporales se hallan en nuestro ADN y reaccionan ante un estímulo determinado y siempre de la misma forma. Los sentimientos tempestuosos se adquieren según la cultura que nos rodea y la historia personal, que genera nuestro modo individual de pensar y percibir la realidad. Todos los seres humanos pueden tener ataques de pánico, transpirar, sentir rigidez corporal, vértigos interminables y profundo miedo. Algunos los padecen una vez y lo recuerdan como su peor experiencia, mientras que otros conviven a diario con ellos.

Esa idea tan escondida que ni siquiera la entendemos y no le damos salida, aparece disfrazada de repente en un ascensor que se detiene bruscamente, o en un túnel que atravesamos en tren, o en un atasco de tráfico, y todo se transforma en un vértigo con náuseas, o sensación de desvanecimiento, o un fuerte ahogo, o cualquier otra emoción corporal. Luego, cuando pasa, solo se piensa en el maldito ascensor, el túnel o el atasco.

Cuando se convive con el pánico, se suele pensar en una enfermedad grave que nadie sabe diagnosticar. Nada como un culpable exterior para justificar esa idea insoportable que no queremos recordar y ese cuerpo que no sabemos sentir.

Los sentimientos tempestuosos de pánico son hijos de un pasado mal percibido y peor pensado; como consecuencia de ello, en el presente suelen aparecer fantasmas tempestuosos que recrean el espíritu de algo vivido con mucho desagrado, de un hecho insoportable de otra época de la vida.

Un signo claro de la evolución humana es poder transformar las sensaciones en sentimientos. La capacidad que desarrolló nuestro cerebro para cartografiar dentro de él áreas que interpretan sensaciones y emociones básicas provenientes de nuestro cuerpo, y devolverlas nuevamente al cuerpo con la carga afectiva de nuestros pensamientos y modificar el estado corporal, es la base de la evolución de nuestra especie como seres sociales.

Sabemos bien que no hemos pensado siempre igual y que no todas las sociedades lo hacen de igual forma. Hay sociedades más corpóreas, propensas a los abrazos, besos y formas espontáneas de expresarse corporalmente. Otras, en cambio, son rígidas y protocolares en cuanto a la expresión física. La diferencia no radica en la forma de sentir las emociones, sino en la manera de influir con el pensamiento en los sentimientos y su forma de expresarlos. Esconder o demostrar marca la diferencia: guardar afecto consume energía, y los afectos guardados ocupan lugares innecesarios, con tensiones musculares, articulaciones rígidas y posturas torpes u hoscas. Expresar sentimientos es comunicar liberando afecto con el poder gratificante del placer de emocionarse y emocionar.

En posturología se lee el modo de estar de un cuerpo, por lo tanto, un cuerpo rígido o gestos disimulados no hacen más que hablarnos de alguien que quiere esconder lo que siente. En el otro extremo, los gestos exagerados y las posturas ostentosas nos hablan de personas que sobreactúan su realidad. La espontaneidad del cuerpo en sus gestos, movimientos y posturas, es vivirlo con naturalidad.

Estamos acostumbrados a pensar que un ataque de pánico es únicamente algo similar a un infarto sin que este suceda; dolor en el pecho, ahogo, sudoración, y la clara sensación de la inminente e irremediable pérdida de la conciencia. Las crisis de ansiedad son un exceso de energía psíquica producto de hechos y circunstancias emocionales no resueltas, que no están nada claras en la conciencia, disfrazadas de olvido pero bien guardadas en el recuerdo en la parte más íntima del ser, y se descargan abruptamente sobre el cuerpo en muchas formas e intensidades.

Podemos decir sin temor a equivocarnos que la ansiedad tiene mil caras.

1. Vértigos y mareos que no se explican con exámenes tradicionales.
2. Dolores de cabeza permanentes sin diagnóstico claro.
3. Dispepsia, náuseas, gases, diarreas, estreñimiento; todo ello sin virus ni bacterias, ni dietas o atracones que lo justifiquen.
4. Miedo y rigidez corporal sin causa aparente.
5. Adormecimiento de la cara o un brazo.

Y tantas formas que se repiten sistemáticamente que pueden durar días, meses o años.

Es el síntoma por el síntoma mismo, el síntoma que obsesiona como «supuesta enfermedad» y que no deja pensar en el propio ser, en su triste existencia e historia sin reflexión.

Si se pretende romper un equilibrio emocional, aun siendo este malo, hay que estar seguros de hacia dónde queremos ir en el nuevo estado. La experiencia indica que las personas acostumbradas a una vida insatisfecha, de la cual se quejan sistemáticamente con o sin razón, desarrollan una suerte de equilibrio emotivo. Cuando se rompe este equilibrio y no hay un camino hacia un lugar certero emocionalmente hablando, se cae en la desesperación y pánico. Saber contener las vicisitudes de un cambio y guiar el mismo a buen puerto es una tarea terapéutica básica, elemental e imprescindible.

Los tratamientos somatoemocionales no son una aventura, por el contrario, son la comunión entre la valentía de alguien que quiere cambiar y un terapeuta que sabe cómo hacerlo. Porque nada hay peor que un terapeuta en pánico y desorientado escudándose la desesperación del paciente. El paciente sí puede entrar en pánico y desesperación durante un cambio, pero los conocimientos científicos, la experiencia de muchos años y la humanidad esperada en un terapeuta son los elementos que van a contener las emociones y sentimientos del cuerpo del paciente; como su manera de pensar, que ahora busca cambiar y transformar las insatisfacciones en una vida, una calidad que como mínimo le dé satisfacción en las situaciones cotidianas que durante años no se han sabido valorar adecuadamente.

Conclusiones

La interacción de un número tan grande como imposible de contar de células forma una sociedad reglamentada de miembros cooperativos que constituyen al ser humano. «Todos juntos» se escribe separado, y «separado» se escribe todo junto. La realidad de los hechos no es un juego de palabras y el cuerpo no es una excepción. La mente surge del cuerpo y ella es su gobierno. Sin cuerpo no hay mente, psique o como quieran llamarlo.

Nuestro aparato psíquico interpreta el mundo exterior y vuelca sobre el cuerpo una concordancia con el mundo que percibe. Si el mundo exterior supera las posibilidades de convivencia, el cuerpo se resiente; si nuestros pensamientos deforman la existencia verdadera, ocurre lo mismo. Por tanto, el mundo será fundamental para el bienestar o malestar corporal.

Salud y enfermedad: un difícil equilibrio entre las tantísimas unidades de vida que nos componen. La interacción de esa sociedad vital que es el ser humano y la correcta interpretación de nuestra mente de un mundo tan grande y cambiante son la realidad misma. Lo real es lo que pasa; realidad es aquello que creemos que ocurre. El cuerpo refleja la realidad de cada ser humano.

Resolver los problemas que nos plantea el futuro no solo depende de la lógica que se utilice; esta lógica en principio puede ser la más adecuada, pero las emociones y sentimientos que nos augura el cuerpo con respecto a esa resolución tomada son tan importantes como el razonamiento empleado. Si sentimos vergüenza, simpatía, alegría o tristeza por la acción futura, estas son emociones concretas del cuerpo que nos recuerdan hechos pasados de similares características.

La intuición se expresa por las sensaciones de nuestro cuerpo, y es un saber inconsciente guardado que se hace presente a modo de señal. Advertirlo y entenderlo constituye todo un arte de empatía social. Negarlo es ahorrar ahora para pagar corporalmente fobias futuras. Ese vértigo y mareo que ocurre justo en una entrevista laboral importante, olvidar esa respuesta que tan bien sabíamos, tartamudear en el preciso momento que entra esa persona que nos impone respeto, o ese dolor de cabeza frente a ese problema laboral que sabemos solucionar pero que nos resulta irresoluble debido a la misma cefalea que no nos deja aplicar nuestra metodología que habría de solventar el problema planteado.

La historia nos ha demostrado que cuanto más grande es la mentira, más gente cree en ella y por más tiempo. Pero también sabemos que, por más grande que sea la mentira, nunca dura para siempre.

¿Y qué pasa con la verdad? Cuanto más grande, menos gente cree en ella. Nadie ha demostrado si hay vida después de la muerte, pero por saber que la muerte existe, sabemos que estamos vivos. Si la verdad de estar vivos se reconoce en nuestro cuerpo a cada instante, ¿por qué no vivimos con plenitud? ¿Por miedo a lo desconocido e imprevisible? El miedo no mata, pero duele, paraliza y enferma. He visto demasiados cuerpos jóvenes envejecidos por los miedos, pero también he admirado cuerpos con muchos años pero jóvenes por vivir en plenitud.

No es cierto que la vida sea corta, porque la vida amargada y sufriente puede parecer eterna. El que espera que se lo den todo, recibe muy poco. El que busca sin saber qué busca, nunca encuentra. Vivir una vida plena es ir en pos de aquello que sabemos que nosotros queremos, sin importar lo que opinen otros, por supuesto sin perjudicar a nadie.

La mente es la representación en imágenes, olores, sonidos, palabras, frases y todos los elementos que alguna vez nos emocionaron y forjaron sentimientos. En el largo camino de la evolución humana, fueron las emociones simples y sentimientos de relativa complejidad los que nos llevaron a desarrollar nuestro cerebro como es en la actualidad, tan grande como nunca en millones de años, y tan interconectado que el número de vías asociativas es sencillamente incalculable. Nuestro ADN lleva el código de toda la evolución y por eso hoy tenemos mente, para recrear pensamientos desarrollados y complejos. Llevamos mucho tiempo existiendo como especie, y nuestra evolución mostró cambios anatómicos, morfológicos y fisiológicos hasta producir la posibilidad de pensar. El cuerpo se emocionó, luego formó sentimientos, y una compleja trama nos dio una memoria increíble y la capacidad de asociar recuerdos para dar una mente con la que podemos pensar.

Los pensamientos son abstractos y surgen de representaciones mentales también abstractas. Pero todo empezó como un cuerpo. Este, a fuerza de sentir y emocionarse, desarrolló un cerebro pensante. «Pienso, luego existo», dijo Descartes, pero desde que su cuerpo dejó de alentar la vida, no nos dio más pensamientos... ¿Se puede pensar sin existir? Hoy, siglos después, sabemos con certeza que si tengo cuerpo y se emociona, también tengo sentimientos que estimulan mi cerebro y suscitan pensamientos.

En la teoría abstracta todo es posible, pero en la realidad de existir en un cuerpo, es bueno emocionarse, no reprimir, forjar sentimientos; luego vendrán los pensamientos tan libres como libre de sentir sea tu cuerpo. ¡Pensar, es la maravilla de un cuerpo que existe!

Nuestra mente es capaz de percibir una innumerable cantidad de hechos y situaciones que ocurren a nuestro alrededor, de forma directamente proporcional a la capacidad de nuestro cuerpo de sentir el mundo que nos rodea. El mal estado cotidiano de nuestro cuerpo, sin llegar a la enfermedad, condiciona nuestra capacidad de percibir el entorno, por lo tanto, nuestra mente representará una realidad distorsionada. Un cuerpo con rigideces musculares, un sistema digestivo disfuncional con estreñimiento, más los dolores propios de un cuerpo rígido y agotado, representarán en nuestra mente un entorno inflexible e intoxicado en cuanto a los sentimientos que damos y recibimos.

Es cierto que, en la sociedad actual, la realidad que nos rodea valora más el rendimiento de las personas que la esencia misma de estas. La ética de hoy parece reivindicar el «uno vale más por tener que por ser». En una sociedad vacía de contenidos y rica en apariencias mundanas, es normal encontrar cuerpos rígidos, dolorosos, con problemas digestivos, vértigo, mareos y cuantos síntomas o disfunciones le den a nuestra mente motivos de una falsa introspección corporal que nos aísla en el síntoma y no nos deja ver con claridad la vida que nos rodea. Querer transformar el mundo es utópico, cambiar el entorno que nos rodea es posible.

Tener un cuerpo sin ataduras musculares que son el origen de muchas disfunciones y dolores no solo es posible, es necesario para tener una mente libre de fobias, obsesiones y grandes ansiedades. Porque de fóbicos, obsesivos y ansiosos se alimenta la sociedad del rendimiento, la misma que premia la apariencia mundana y olvida desarrollar la esencia del ser.

Tenemos por costumbre, mala costumbre, atribuir la capacidad intuitiva de una persona a fenómenos inciertos, dones exclusivos y, en el peor de los casos, a actividades esotéricas. Nada más alejado de la realidad y la verdad. Cuantos más conocimientos acumule un individuo y más reflexione sobre estos, mayor será su capacidad de anticiparse a los acontecimientos venideros. La intuición es el conocimiento inconsciente almacenado por la experiencia, reflexión continua y adquisición de la certidumbre. Esa respuesta justa en el momento en que todos callan está guardada en nuestra memoria esperando el momento de salir al ruedo de la vida en relación con nuestros pares, y siempre encuentra su ocasión. Ninguna experiencia, conocimiento ni reflexión se puede realizar sin un cuerpo receptor de sensaciones que emocionen, y productor de sentimientos con reflexión y razón de serlos.

Tener conciencia de uno mismo es saber que soy objeto, soy mi cuerpo. Pero también soy sujeto, ya que con mi cuerpo construyo una historia de vida única e irrepetible. La unidad biológica del cuerpo está dada por la herencia de nuestro ADN, provee semejanzas de familia y de razas, pero sobre todo señala nuestra igualdad como especie, la humana, la única con conciencia de sí misma. La diversidad cultural de la sociedad que habitamos nos diferencia de otras sociedades; la heterogeneidad de los grupos de pertenencia caracteriza a las familias, y las vivencias dentro de estas dan en suma la individualidad de un ser.

Unidad biológica y diversidad cultural forman el núcleo de identidad de una persona. La personalidad varía con los años y las experiencias, aumentando y variando nuestro núcleo de identidad. En la medida que nos alejamos de nuestro núcleo de identidad como seres individuales, con origen en una historia familiar, pertenecientes a una sociedad formada por individuos de una especie que evolucionó desde la transformación de su cuerpo, creando un cerebro tan complejo que dio una mente con extraordinaria memoria y conciencia de sí mismo..., ese alejamiento de la propia identidad nos recordará que somos el cuerpo, y lo hará con síntomas y malestar. La conciencia del síntoma será sufrimiento, y la gran memoria no será olvido, sino «misterio», cuya conciencia será miedo. A pesar de esto, vivimos tiempos donde el sufrimiento y el miedo son la identidad de muchas personas, que eligen vivir en el «misterio» en lugar de reconocer las verdades de la vida cotidiana. Cuanto más cerca esté una persona de reconocer su verdad, por dura que sea, más posibilidades de dar paz a su cuerpo y espíritu tendrá.

En su libro *El origen de las especies*, Charles Darwin nos decía que sobreviven los que mejor se adaptan; equivocadamente —no por culpa de Darwin— arraigó la idea de que sobreviven los más aptos. El hecho de que alguien sea apto o muy apto para algo no significa en modo alguno que se adapte a lo nuevo, ni mucho menos que se anticipe a los cambios, solo que es apto en un momento puntual. Darwin se refería al proceso evolutivo de las especies: las que se adaptaron al cambio sobrevivieron, las otras desaparecieron. Sin embargo, bien puede aplicarse a la vida de cada persona en todo su recorrido, desde el nacimiento hasta el final de sus días. Si solo recordamos aquello que podemos soportar, el resto no solo no desaparece, sino que se almacena en la profundidad de nuestro inconsciente y demanda salir siempre disfrazado de variadas e irreconocibles formas para no provocar dolor a nuestra mente consciente, pero sí a nuestro cuerpo vivo. Vivimos de un pasado que probablemente no existió como creemos y lo adaptamos a un presente triste, pero cómodo e ineficiente.

Con este panorama, es muy difícil, cuando no imposible, prever acontecimientos futuros, prepararse para su solución y evolucionar. Resulta más fácil justificar una amarga experiencia de vida que cambiar las circunstancias que la provocan: justificar y crear misterios es una fórmula de fracaso tomada falsamente como éxito. En un dolor físico se puede estar abriendo una hendija del pasado por la que pretende salir un recuerdo furioso y mal entendido, que produce desde años una amargura crónica, un vivir que es un sinvivir al que acabamos acostumbrándonos.

Revelarnos no es «patear el tablero», no es destrozar todas las reglas del juego ni perseguir utopías, es la sana costumbre de intentar cambiar las circunstancias que nos rodean, aquellas que sí podemos cambiar, en particular las que empiezan en nosotros mismos. Si no podemos cambiar solos, podemos pedir ayuda, nunca nadie está tan solo. Pero entonces se debe pedir ayuda desde la sinceridad con uno mismo, pedirla con la palabra, no con síntomas.

Gregorio Marañón decía que el órgano que mejor expresa al cerebro es la lengua: ¡cuánta razón tenía! Y yo agregaría que esa lengua debe hallarse dentro de una boca que sepa abrirse, solo entonces hablar es la forma de saber pedir. La mano expresa al corazón, órgano cabal y metafórico de los sentimientos; la oreja amplifica los ruidos que oímos. Pero si de seres humanos se trata, la oreja es el órgano de escuchar; recordemos también que si vamos a escuchar la boca tenemos que cerrar. Siempre habrá una cálida oreja que escuche las palabras de una lengua que articule en una boca naturalmente abierta una llamada de ayuda sincera, entonces es posible encontrar una mano tendida para una caricia reconfortante. Definitivamente, el origen de la ansiedad es un problema de comunicación.

¿Qué motiva que una persona se despierte y se levante todos los días sintiendo que aún es temprano sin importar la hora, porque siempre es temprano si el cuerpo está cansado, dolorido o triste? El cuerpo protesta por el día anterior, y el otro, y tantos días que son muchos días de levantarse a pelear la vida. La motivación genuina de levantarse una vez más no nace de los sentimientos de envidia, temor al ridículo o miedo a la crítica injusta e insidiosa; nace de que nuestro hacer tiene la capacidad de cambiar nuestro entorno; tal vez no transformar el mundo, no acabar con la injusticia, pero sí modificar aquello que nos rodea.

El ostracismo nos acecha si nos dejamos vencer por la envidia, la crítica injuriosa, los abusos físicos o emocionales. La pereza nace de la falta de saber brindar nuestros afectos, más aun, de saber comunicarlos adecuadamente de forma sincera y explícita, porque puede ser más difícil aceptar el afecto y el amor sincero de los demás. La pereza y su forma más extrema, el ostracismo, son el miedo a cambiar nuestro entorno basado en no saber dar nuestro buen hacer, ni poder recibir sin tapujos el hacer positivo de los otros.

La mayor motivación de una persona para comenzar el día, levantarse todas las mañanas de esa cama que se presenta como el refugio al mundo exterior, es saber sentirse necesitado por otros, otros a los que les brindamos nuestro saber hacer sin importar cuál sea, ese hacer que puede dar a conocer nuestro afecto a nuestros queridos, pero también a esos seres que no conocemos pero a quienes de algún modo podemos ser útiles. En la vida no es más útil aquel que te proporciona más lujo, prestigio o estatus; en la vida es más útil aquel que sabe sacar de los demás su mejor parte como ser humano.

Maravillosamente, el amor es como un caleidoscopio formado por pequeños cristales de uno y del otro. La mezcla de colores y formas de los seres amados dan imágenes de ilusión, pero también de felicidad real con nuestros pedazos de vida implicada en las de nuestros semejantes. La luz de las piezas brillantes de los otros refleja lo mejor de nosotros, y nuestros pedazos manifiestan lo mejor de ellos. En el amor los cuerpos expresan al ser amado: la pareja, hijos, padres, amigos verdaderos... El cuerpo tiene ventanas que dejan salir brillos: la mirada da la luz de los ojos y aquello que estos vieron, la sonrisa refleja por la boca la alegría del ser, una musculatura relajada transmite la paz que nos da la compañía del otro. Cuando el cuerpo del otro se va, cuando ya no está, cuando marchó sin saber nosotros adónde y sin retorno físico posible, nos queda el brillo de los recuerdos y sus apariciones en nuestros sueños.

Nada puede ser más importante que saber cómo nos afectan los demás y cómo afectamos nosotros a nuestros semejantes, solo así aprenderemos a aceptar el amor y darlo. La envidia, el desprecio injusto, la altanería o victimizarse falsamente son formas de crear cuerpos opacos que oscurecen las vidas de quienes lo experimentan y las de quienes los rodean. Los cuerpos opacos se lastiman... y también lastiman a otros.

Los caleidoscopios no están hechos con piezas opacas. Las personas opacas no son ansiadas por otros, en todo caso provocan ansiedad, ese molesto estado de inquietud que surge en el cuerpo y expresa un mínimo de miedo del que no somos conscientes, pero nos indica que algo anda mal.

Bibliografía

BEKEI, Marta. *Lecturas de lo psicosomático*, Lugar Editorial, Buenos Aires, 1984.

BERNARD, Michel. *El cuerpo. Un fenómeno ambivalente*, Editorial Paidós, Barcelona, 1994.

CHIOZZA, Luis. *¿Por qué enfermamos?*, Alianza Editorial, Madrid, 1994.

CHUL HAN, Byung. La sociedad del cansancio, Editorial Herder, Barcelona, 2012.

DAMASIO, Antonio. *Y el cerebro creó al hombre*, Ediciones Destino, Barcelona, 2010.

—, *El error de Descartes*, Ediciones Destino, Barcelona, 2011.

—, *En busca de Spinoza*, Ediciones Destino, Barcelona, 2013.

DE SOUZENELLE, Annick. *El simbolismo del cuerpo humano*, Editorial Kier, Buenos Aires, 1999.

FELDENKRAIS, Moshé. *El poder del yo*, Editorial Paidós, Barcelona, 1995.

—, *La dificultad de ver lo obvio*, Editorial Paidós, Barcelona, 1995.

FRANKL, Viktor E. *El hombre doliente*, Barcelona, 2000.

FREUD, Sigmund. Introducción al psicoanálisis, Editorial Sarpe, 1984.

—, *Correspondencia.*

—, Obras completas (Tomos I, II, III), Biblioteca Nueva.

FROMM, Erich. *Miedo a la libertad*, Editorial Paidós, Barcelona, 1984.

FOULKES, Eduardo. *El saber de lo real*, Editorial Nueva Visión, Buenos Aires, 1993.

—, *La razón y el deseo*, Editorial Síntesis, Madrid, 2004.

GEAR, M. C.; LIENDO, E. C., y SCOTT, L. L. *Hacia el cumplimiento del deseo*, Editorial Paidós, Barcelona, 1988.

JOSELOVSKY, Ariel. *Dolores Corporales*, Ed. Pen, Buenos Aires, 1996.

—, *Confesiones del cuerpo*, Editorial Cultivalibros, Madrid, 2012.

—, *Antropología evolutiva de la postura*, Editorial Cultivalibros, Madrid, 2013.

KELMAN, Stanley. *Anatomía emocional: La experiencia de la estructura somática*, Desclée de Brouwer, Bilbao, 1997.

KIERKEGAARD, Sören. *El concepto de angustia*, Alianza Editorial, Madrid, 2007.

LAPIERRE, André. *Psicoanálisis y análisis corporal de la relación*, Desclée de Brouwer, Bilbao, 1997.

LAPIERRE, André, y AUCOUTURIER, Bernard. *El cuerpo y el inconsciente en educación y terapia*, Editorial Científico Médica, Barcelona, 1980.

—, *Simbología del movimiento*, Editorial Científico Médica, Barcelona, 1985.

LAURENT ASSOUN, Paul. *Cuerpo y síntoma*, Nueva Visión, Buenos Aires, 1998.

LOWEN, Alexander. *El lenguaje del cuerpo*, Editorial Herder, Barcelona, 1985.

—, *La espiritualidad del cuerpo*, Editorial Paidós, Barcelona, 1993.

—, *Bioenergética*. Editorial Era Naciente, Buenos Aires, 1994.

—, *El gozo*, Editorial Era Naciente, Buenos Aires, 1994.

—, *La experiencia del placer*, Editorial Paidós, Barcelona, 1994.

—, *Miedo a la vida*, Editorial Era Naciente, Buenos Aires, 1994.

—, *La traición al cuerpo* Editorial Errepar, Buenos Aires, 1995.

—, *La depresión y el cuerpo*, Alianza Editorial, Madrid, 1998.

—, *Narcisismo*, Pax México, Ciudad de México, 2000.

MARAÑÓN, Gregorio. *Ensayo biológico sobre Enrique IV de Castilla y su tiempo*, Editorial Espasa Calpe, Madrid, 1969.

—, *Amiel*, Ed. Espasa Calpe, Madrid, 2008.

—, *Don Juan*, Editorial Espasa Calpe, Madrid, 2008.

MASLOW, Abraham. *El hombre autorrealizado*, Editorial Kairós, Barcelona, 1993.

MERLEAU-PONTY, Maurice. *Fenomenología de la percepción*, Editorial Península, Barcelona, 1975.

MORA, Francisco. *El reloj de la sabiduría*, Alianza Editorial, Madrid, 2002.

MORRIS, David. *La cultura del dolor*, Editorial Andrés Bello, Ciudad de México, 1993.

MOSCOSO, Javier. *Historia cultural del dolor*, Editorial Taurus, Madrid, 2011.

NASIO, Juan David. *El libro del amor y del dolor*, Editorial Gedisa, Barcelona, 1998.

RAMÓN Y CAJAL, Santiago. *El hombre natural y el hombre artificial*, Editorial Planeta De Agostini, Barcelona, 2010.

REICH, Wilhelm. *Análisis del carácter*, Editorial Paidós, Barcelona, 1995.

SZPILKA, Jaime I. *La razón psicoanalítica, una razón edípica*, Editorial Mentecata, Madrid, 2014.

TOLSTÓI, León. *La muerte de Iván Ilich*, Alianza Editorial, Madrid, 2012.

WEISS, Brian. *Los mensajes de los sabios*, B de Bolsillo, Barcelona, 2012.

Índice

SEGUNDA PARTE

CASOS